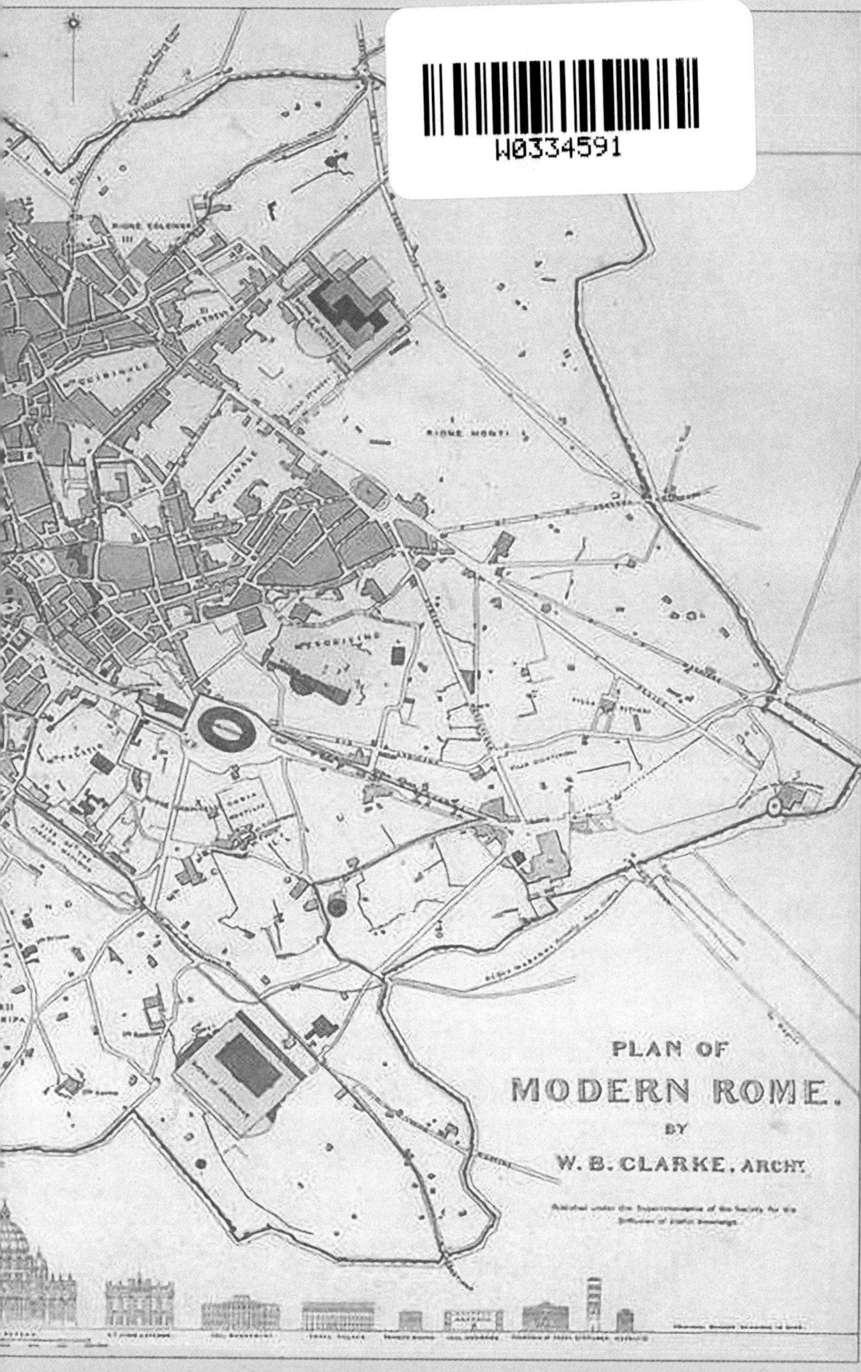
PLAN OF
MODERN ROME.
BY
W. B. CLARKE, ARCHT.

Vreni Merz
Vinzenz Pallotti

VRENI MERZ

VINZENZ PALLOTTI

Ein leidenschaftliches Leben

Herausgegeben von Adrian Willi

Mit Fotos von Michael Meier

Kösel

FSC
www.fsc.org
The mark of responsible forestry
FSC® C017859

Verlagsgruppe Random House FSC-DEU-0100
Das für dieses Buch verwendete FSC®-zertifizierte Papier *EOS*
liefert Salzer Papier, St. Pölten, Austria.

Umschlag: Weiss/Werkstatt/München
Umschlagmotiv: Michael Meier, Thun
Druck und Bindung: CPI Moravia Books s.r.o., Pohorelice
Printed in Czech Republic
ISBN 978-3-466-37053-5

Der Kösel-Verlag ist Mitglied im KM. katholischermedienverband e.V.,
www.katholischer-medienverband.de.

Weitere Informationen zu diesem Buch und unserem
gesamten lieferbaren Programm finden Sie unter
www.koesel.de

INHALT

Anmerkung:
Ortsbezeichnungen, Namen und Jahreszahlen sind authentisch, Zitate aus historischen Dokumenten wurden kursiv gesetzt.

AUFTAKT

Rom 1845, mitten im Sommer. Morgenluft liegt über den Dächern, noch frisch und kühl, bevor die Sonne heiß vom Himmel brennt. Stattliche Häuser umsäumen die schmalen Gassen, an den verwitterten Mauern blättert die Farbe ab. Vor den hohen Fenstern sind die meisten Läden geschlossen, um die unbarmherzige Hitze von den Wohnräumen fernzuhalten. Menschen eilen über das Kopfsteinpflaster, winken einander zu oder halten einen kurzen Schwatz, bevor sie weiterziehen. An der Ecke hält ein Gemüsehändler seine Ware feil: frische Salatköpfe, pralle Tomaten und Obst in allen Farben.

Im alten Stadtteil am Tiber hat soeben der Tag begonnen.

Da kommt einer des Wegs. Leicht vornübergebeugt geht er zielstrebig voran – ein kleiner Mann mit schnellen Schritten. Mittlerweile ist er stadtbekannt. Seine Stirnglatze ist unübersehbar, die Adlernase markant. Von Weitem erkennt man ihn. Das lange, schwarze Kleid wärmt ihn wohl mehr als nötig, aber solcherlei Äußerlichkeiten kümmern ihn kaum. Er hat zu tun, er ist in Eile, denn seine Zeit ist kostbar. Don Vincenzo, dove vai?

Vielleicht zur Pia Casa, wo die Mädchen wohnen, die er in turbulenten Zeiten von der Straße geholt hat? Oder zu ei-

Blick über die Dächer von Rom

nem Reichen des römischen Adels, mit dem er gute Beziehungen pflegt, um, wenn nötig, Geld zu bekommen? Es ist aber auch möglich, dass er eine einfache Frau und ihre Kinder besucht in einer kargen Behausung, weil Rang und Name ihm nicht wichtig sind. Vielleicht ist er auf dem Weg zum Hospiz von Santo Spirito in Sassia, wo verwundete Soldaten in den Betten liegen, oder er geht zu einem unbekannten Sterbenden in einem verlassenen Winkel der Stadt, um ihn in den Tod zu begleiten. Gut möglich, dass er verabredet ist mit einem hohen kirchlichen Würdenträger – oder mit dem Seifenhändler Salvati, der über die Jahre sein Freund geworden ist.

Vinzenz Pallotti, lass dich begleiten auf deinen vielfältigen Wegen! Erlaube uns, einen Blick in dein aufregendes Leben zu werfen. Dabei möchten wir nicht nur deine interessanten Werke kennenlernen, sondern auch deine außerordentlichen Charakterzüge aufspüren. Dürfen wir? Bitte bedenke, dass wir Menschen des 21. Jahrhunderts sind: Die Zeiten haben sich drastisch geändert, seit du vor mehr als 150 Jahren durch die Straßen Roms gegangen bist. Unsere Gesellschaft ist eine andere geworden. Wir sind moderne Frauen und Männer in einer globalisierten Welt, wir jetten von Ort zu Ort, leben in Patchworkfamilien, haben Computer und Mobiltelefone. Und nicht zuletzt: Die katholische Kirche, die zu deiner Zeit im Zentrum von allem stand, ist für viele von uns an den Rand gerückt. Stattdessen hat sich eine Vielfalt an Religionen und Kulturen breitgemacht, mit der wir täglich konfrontiert werden. Jener Gott, der dir so selbstverständlich war und mit dem du zutiefst verbunden warst, ist heute vielen Menschen fremd geworden. Wir fragen, zweifeln und suchen. – Wir können nicht anders.

Doch sind wir dabei voller Neugier – und nur guten Willens! Was wir an dir entdecken, werden wir im Herzen bewegen und im Kopf bedenken. Denn du warst ein hervorragender Mensch, der aus der Masse »hervorragte« im wahrsten Sinne des Wortes. Du hast Institutionen gegründet und Leute ermächtigt. Viel hast du ihnen zugetraut – den Frauen, Männern und Kindern, sogar den Kranken und Schwachen. Nicht nur den Klerikern hast du Aufträge erteilt und Verantwortung übertragen. Es war deine feste Überzeugung, dass alle ihren Beitrag leisten müssen für eine bessere Welt. Unermüdlich hast du Konzepte entwickelt und

Briefe geschrieben, hast andere ermutigt und bestärkt. Dir war kein Mensch zu wenig und keine Arbeit zu viel.

Nicht umsonst bist du geehrt worden und dennoch ganz bescheiden geblieben. Jedes Gehabe lag dir fern. Doch war es nicht zu vermeiden: Schon zu Lebzeiten nannten dich die Römer »il Santo« – mit südländischer Inbrunst.

Als Zeitgenossen von heute stehen wir ihm nüchterner, aber mit großem Respekt gegenüber. In diesem Buch möchten wir seine Spuren verfolgen und behutsam versuchen, Antwort auf die Frage zu finden: »Vinzenz Pallotti, wer bist du?« Dabei werden jene Gedanken nicht verschwiegen, die im Blick von heute auf damals spontan auftauchen: Erstaunliches und Faszinierendes, aber auch Fragwürdiges und Befremdendes werden zur Sprache kommen, wenn wir sein Leben betrachten.

Es ist kein Zufall, dass Vinzenz Pallotti ausgerechnet während des Zweiten Vatikanischen Konzils, das Türen öffnete für Aufbruch und Reform, vom volksnahen und beliebten Papst Johannes XXIII. heiliggesprochen wurde. Es war am 20. Januar 1963. Zum 50-jährigen Jubiläum dieses Ehrentages ist das vorliegende Buch erschienen.

Vreni Merz
Juli 2011

HILFE, ABER SCHNELL!

Die Kleine schreit. Sie stemmt sich mit aller Kraft gegen den Eingang und klammert sich am Türgriff fest. »Da bleiben! Ich will nicht fort.«

Vergeblich versucht das junge Mädchen, ein Bündel Kleider über die Schultern geschlagen, die kleine Schwester an der Hand zu fassen und fortzuziehen.

»Komm schon, wir müssen hier weg.«

Sind das nicht die Kinder Fattoris? Sie wurden kurzerhand aus der Wohnung gewiesen, nachdem die Eltern starben. Eine unheilbare Krankheit hatte sie mitten aus dem Leben gerissen, in dem sie noch dringend nötig gewesen wären. Weil sie die Miete nicht weiter bezahlen können, stehen die verwaisten Kinder nun schutzlos auf der Straße, zwei Mädchen und vier Knaben. Ein paar junge Männer torkeln ihnen entgegen, Bierhumpen schwenkend. Sie wollen den Kindern den Weg versperren und weichen dann grölend zur Seite. Dem ältesten Mädchen, selbst noch ein Kind, steht die Angst ins Gesicht geschrieben. Es hält Ausschau nach einer offenen Tür, muss für sich und die Geschwister eine Bleibe suchen, wenigstens für die bevorstehende Nacht. Wo sollten sie hin? Sie hatten kein Dach mehr über dem Kopf.

Auf der andern Seite der Gasse breitet ein Obdachloser seine Decke aus – ein durchlöchertes Tuch, das ihn ein wenig vor der Kälte schützt. Schon geht der Tag zur Neige, die

Schatten werden länger, legen sich gespenstisch zwischen die Hausmauern. Der Mann setzt sich hin und steht wieder auf, rafft seine Lumpen zusammen und bringt sie zum Kirchenportal schräg gegenüber. Dort, in der Nische, kann er der Zugluft besser entkommen.

Am Anfang des 19. Jahrhunderts hatten die Menschen nichts zu lachen. Vor allem in Rom war die Lage prekär. Ganze Familien verloren ihr Einkommen, Jugendliche plünderten Häuser, Bettler lungerten in den Straßen herum. In der einst reichen und prunkvollen Stadt wussten viele nicht, wo sie schlafen konnten, wenn der Winter kam und der Nachtwind durch die Gassen pfiff. Es klang wie Spott in den Ohren der Armen: *Freiheit, Gleichheit, Brüderlichkeit!* Mit ihrer vielversprechenden Parole hatte die Französische Revolution nichts als Gräuel und Krieg ins Land gebracht. Hunger und Elend waren an der Tagesordnung.

Don Vincenzo hatte alle Hände voll zu tun. Geistlicher Zuspruch stand jetzt nicht an erster Stelle. Wer will Hungrigen von Gott erzählen, bevor sie gegessen haben? Wo Not ist, muss man erst einmal Hand anlegen. Er sammelte Geld für Bedürftige und verteilte Gutscheine für Nahrungsmittel. Er gab seinen Mantel weg und kaufte sich einen neuen, den er bald darauf dem nächsten Bettler verschenkte. Doch was er tat, schien viel zu wenig zu sein – ein Fass ohne Boden.

An jenem Abend setzte er sich an den Schreibtisch. Viel Zeit wollte er dort nicht verbringen, aber jetzt musste es sein: Das Gesuch, das er fein säuberlich zu Papier brachte, stellte er keinem Geringeren als dem Papst. *Die sechs unmün-*

digen Kinder des Handwerkers Fattori aus der Pfarrei San Giovanni dei Fiorentini, schrieb er mit spitzer Feder, *haben innerhalb von zwölf Tagen Vater und Mutter verloren*. Das Älteste, ein Mädchen, sei 15-, das jüngste etwa fünfjährig. Der Hausbesitzer habe sie einfach weggeschickt. Der Pfarrer helfe so weit wie möglich, aber sein Einkommen sei so klein, dass er die Kinder nicht länger unterstützen könne. Da müsse der Heilige Vater selbst einspringen *und mit den Armen arm und mit den Waisen elternlos sein*.

Hat der Papst gehandelt? Wurde den Kindern geholfen? Pius VIII. war selbst gesundheitlich angeschlagen und bereits sterbenskrank, aber Briefe von Vinzenz Pallotti konnte er nicht einfach beiseiteschieben. Denn der hartnäckige Bittsteller doppelte nach, klopfte an Türen, die sonst verschlossen geblieben wären.

Es blieb nicht bei diesem einzigen Bittbrief. Unzählige Gesuche hat Vinzenz Pallotti im Verlauf seines Lebens geschrieben. Man muss die Macht der Mächtigen nutzen, sie packen, wo man sie packen kann. Auf keinen Fall darf man sie sitzen lassen in ihren Elfenbeintürmen. Ganz im Gegenteil: Alle Hebel muss man in Bewegung setzen und die Herren aus der Ruhe bringen, ihnen, wenn nötig, ins Gewissen reden. Bloß schonen darf man sie nicht!

Ihre bekannte Güte gibt mir den Mut, schrieb Vinzenz Pallotti an Kardinal Mario Mattei, *Ihnen folgende Anliegen dringend zu empfehlen. Das beigeschlossene Bittgesuch (...) verdient beachtet zu werden (...) – Olivani ist Familienvater, möchte gerne Arbeit, aber er bekommt keine. Er verdient zeitweilig eine Unterstützung. Der Kammerdiener des Kardinals Drago hat mir schon oft erzählt, dass Eure Eminenz allen helfe*. – Gewusst wie! Offenbar hat er die richtigen Worte gefunden. In einem andern Brief wandte er sich an den Arzt Peter Paul Azzochi: *Ich habe ein herrliches Werk der Nächstenliebe, das Sie tun könnten, und ich schmeichle mir, dass Ihr Eifer diese Gelegenheit nicht unbenützt vorübergehen lässt: Die Witwe Fanni in der Via della Cancelleria 77 ist krank. Auch andere in ihrer Familie sind krank. Sie ist zu arm, um den Arzt zu holen. Wenn Sie da helfen wollten (...) und Ihrem guten Werk die Krone aufsetzen, wenn Sie für die arme Familie auch noch die Arzneien besorgen könnten.*

Reiche, die haben, sollen geben – nicht wahr, Vinzenz? Man muss nur auf sie zugehen. Und ihnen hie und da ein bisschen Honig um den Bart streichen. Das hast du getan. Bei vornehmen Adligen bist du eingekehrt, um sie für gute Werke zu gewinnen, *denn sie können mit ihren reichlichen zeitlichen Mitteln, auch ohne sich des ihnen gemäßen Komforts und des Genusses der erlaubten Vergnügungen zu entsagen, bedeutende Summen (...) beisteuern.* – So hast du später in deinen Satzungen geschrieben.

Die Fürsten Mario und Pompeius Gabrielli haben Pallotti gekannt und ließen ihn nie lange warten, wenn er Geld für Bedürftige brauchte. Selbst die Familie Torlonia, das reichste Fürstenhaus Roms, war ihm vertraut, die Herzoge Gaetani und Cesarini, Fürst Philippo Albani und die Fürstin Borghese mit Tochter und Söhnen, mehrere Grafen und Gräfinnen gehörten zu seinem Bekanntenkreis. Er selbst war arm wie eine Kirchenmaus, aber klug genug, um zu wissen, wie man zu irdischen Gütern kommt.

Erinnerst du dich an die Herzogin von Fiano?

»Ich kann Ihnen heute kein Geld geben«, hat sie mit tonloser Stimme gesagt und ihre Hände verlegen in den Rockfalten vergraben, als du sie besuchtest in ihrem Palast. »Diesmal nicht, Don Vincenzo, es tut mir leid! Doch wenn Sie wirklich etwas brauchen, kommen Sie doch ein andermal vorbei!«

»Bestimmt werde ich kommen«, hast du mit Nachdruck entgegnet, »und zwar bald!«

»Wann?«

»Am Fest Sankt Homobonus!«

»Ach so.«

Die Herzogin stutzt, denn von einem solchen Fest hat sie noch nie gehört.

»Wann ist es denn, das Fest Homobonus?«

»Heute, gnädige Frau, auf den Tag genau«, hast du geantwortet, den Schalk in den Augen, »heute, am 13. November!«

Sie konnte nicht ausweichen, stammelte Ausreden.

»Ich bin gerade in einer ungünstigen Lage, verzeihen Sie!«

Damit wollte sie dich höflich verabschieden. Es gelang aber nicht.

»Prego Signora, die Hilfe ist dringend, eine Mutter weiß nicht, wohin sie sich wenden soll. Sie hat keine warmen Kleider für ihre Kinder und der Winter steht vor der Tür, das Jüngste ist krank und braucht den Arzt. Gehen Sie doch noch einmal hin und schauen Sie nach, ob Sie nicht doch etwas finden!«

Die Herzogin verschwand. Nach einer Weile kam sie zurück mit einer kleinen Münze und schämte sich, sie zu geben. So wenig für die große Not! Aber sie beteuerte immer wieder, sie habe nicht mehr zur Verfügung, ein nächstes Mal wieder, heute leider nicht.

Dann drückte sie dir das Geldstück in die Hand und ließ dich ziehen. Du hast sie wohl ziemlich verwirrt zurückgelassen, als sie dich weggehen sah, die breite Treppe hinunter und die Straße entlang.

Und plötzlich kommt ihm in den Sinn, dass noch jemand Schuhe braucht. Eine stämmige Bäuerin hat ihn bereits am frühen Morgen angesprochen, sie müsse unbedingt welche haben. Mitten auf der Via Giulia ist sie ihm entgegengelaufen und hat ihn mit lauter Stimme aufgehalten: »Schauen Sie, Don Vincenzo, die durchgetretene Sohle und mittendrin das Loch, mein einziges Paar.«

Willst du nun deine Schuhe hergeben, sie gleich von den Füßen nehmen? Nein, das nun doch nicht – sie wären ohnehin zu klein gewesen. Aber die Schuhe sind dringend, du siehst es mit eigenen Augen. Es gibt keinen Grund, die Frau zu vertrösten.

Ob Frau Salvati ein Paar übrig hätte? Die Frau des wohlhabenden Kaufmanns hat Schuhe für jede Gelegenheit: Schuhe für den Sommer, Schuhe für den Winter, Schuhe zum Einkaufen, Schuhe für den Kirchgang. Er hat sie selbst gesehen, die endlose Reihe von Schuhen neben der Tür, als er im Rione Monti bei den Salvatis zu Besuch war. Wer braucht so viele Schuhe für sich allein? Auch vornehme Frauen können immer nur ein einziges Paar tragen! Und überhaupt: Frau Salvati ist großzügig und verständnisvoll, er kennt sie. Am selben Tag wird er sie gefragt haben, die Frau seines Freundes, mit dem er seit Jahren bekannt ist.

Mit ihm hat er große Pläne verwirklicht.

EIN HAUS FÜR MÄDCHEN

Während in Deutschland, Ungarn und Polen die Pest bereits wütete, brach in Rom – gleichsam als Vorbote – ein gefährlicher Grippevirus aus. Viele Menschen starben. Aber es kam schlimmer: Im Sommer 1837 wurden auch in Rom die ersten Cholerafälle gemeldet. Die Ärzte taten, was sie konnten, doch waren sie machtlos. Die Seuche verbreitete sich rasant, die medizinische Versorgung blieb auf der Strecke. In der ganzen Stadt, die damals erst 150 000 Einwohner zählte, soll sie insgesamt 5 000 Opfer gefordert haben. Dramatische Szenen spielten sich ab. Man konnte nicht aus dem Haus gehen, *ohne jemand zu treffen, der Mitteilung machte von dem Tod eines Freundes, den man vielleicht am Tage zuvor noch gesund gesehen hatte, und ach, wie viele hatte ich zu beweinen …*, schreibt ein Augenzeuge. *Wenn man nach Hause zurückkehrte, klopfte man mit zitternder, bebender Hand an und forschte angstvoll auf dem Gesicht des Öffnenden, ob während der Abwesenheit nicht ein Unglück geschehen sei. In der Nacht konnte man wegen der Aufregung nur schwer Schlaf finden, und wenn doch die Müdigkeit siegte, wurde man häufig aufgeweckt, sei es durch das Gehen von Personen, die eilig einen Priester oder Arzt suchten, oder von dem Geräusch der Wagen, die die Leichen fortbrachten, oder von dem Geschrei und Weinen eines Menschen, der einen Verwandten verloren hatte.*

Giacomo Salvati

Frauen und Männer, die Vinzenz Pallotti zusammengerufen hatte, leisteten Hilfe, wo sie konnten. Sie lösten in den Leihhäusern verpfändete Gegenstände ein, um für bedürftige Kranke Kleider und Betten zu beschaffen. Sie eilten zu den Sterbenden, um ihnen und den Angehörigen in den letzten Stunden beizustehen. Doch die Not war groß. Zahllose Kinder verloren ihre Eltern und damit ihr Zuhause.

»Don Vincenzo, was können wir tun?« – Giacomo Salvati zupft ihn am Ärmel, bevor er aus dem Haus verschwindet. Denn der eilige Abbate ist eben auf dem Sprung zu einer Frau, für die, laut Aussagen der Ärzte, keine Hoffnung mehr besteht. Wo werden ihre Töchter wohnen, die sie zurücklässt? Der Vater ist bereits vor drei Wochen gestorben, nun hat sich auch die Mutter mit der Seuche angesteckt.

Vinzenz Pallotti zieht die Augenbrauen hoch. »Was fragst du, Giacomo? Dir wird wohl etwas einfallen, um für die kleinen Mädchen zu sorgen.«

Das waren klare Worte. Giacomo Salvati kennt den entschiedenen Tonfall, der solche Sätze begleitet. Wenn Vinzenz so redet, hat es keinen Sinn, ihn länger zu bemühen. Dann ist der eigene Kopf gefragt – und beide Hände, um das Nötige zu tun.

Am Abend nimmt Giacomo Salvati die verwaisten Kinder zu sich nach Hause. Im Kreise seiner Familie löffeln sie warme Suppe und schlüpfen in saubere Betten. Sie haben Glück: Ab sofort wohnen sie im geräumigen Haus des großzügigen Kaufmanns. Denn Giacomo Salvati ist ein Mann der Tat. Er würde kaum zu Vinzenz Pallottis Gefährten zählen, wenn er nicht bereit wäre, schwierige Situationen zu meistern und sofort zu handeln. Und seine Frau macht mit. Sie stellt ein paar Teller mehr auf den Tisch und befiehlt den eigenen acht Sprösslingen zusammenzurücken, um den Zugezogenen Platz zu machen.

»Mit gutem Willen ist vieles machbar, nicht wahr, Giacomo?« Frau Salvati nimmt den größeren Topf aus dem Schrank und stellt ihn aufs Feuer. Ihrem Mann wirft sie einen fragenden Blick zu: »Was geschieht mit all den andern Kindern, die allein auf sich gestellt sind? Wer sorgt für die Kleinen, die noch nicht gehen, nicht selbst essen und sich anziehen können?«

Giacomo Salvati hält Ausschau nach geeigneten Plätzen, fragt da und dort in den reichen Familien des römischen Adels, ob sie bereit wären, ein Kind aufzunehmen. Er steht vor den Toren vornehmer Paläste, zieht die verschnörkelten Glockenzüge und lässt sich von Dienstboten in ein Vorzimmer führen. Dort wartet er oft lange, bis ihn die Herrschaften empfangen.

»Ja, schicken Sie uns ein Mädchen, doch soll es sich anständig benehmen.«

»Nun ja, wir nehmen ein Kind, aber klein soll es sein, wir

möchten es selbst erziehen.«

»So kommen wir nicht weiter, Don Vincenzo, wir müssen uns etwas einfallen lassen. Es wird mühsam, ja unmöglich, für so viele Kinder neue Eltern zu finden. Vor allem die Mädchen brauchen eine Heimat. Und Frauen brauchen sie, die mit ihnen sind und sie ins Leben begleiten. Ein geräumiges

Haus sollten sie haben, mit hellen Zimmern und gemütlichen Schlafräumen, mit Esstischen und Spielecken. Wo steht das Haus, das wir suchen?«

Eigentlich wäre die städtische *Unterstützungskommission für die Armen* beauftragt gewesen, für die Waisen zu sorgen, die sich damals in Rom immer zahlreicher auf der Straße herumtrieben. Vinzenz Pallotti wandte sich an die Zuständigen, er bat sie inständig, nicht länger untätig zu sein, vor allem auf die Mädchen zu schauen und sie vor Missbrauch zu schützen. Nichts geschah. Mehrere Versuche, an verschiedenen Orten Wohngemeinschaften zu bilden, scheiterten. Endlich tagte die Kommission, um die Situation zu besprechen – und fasste den Entschluss, Vinzenz und seinen Gefährten das stattliche Gebäude des ehemaligen Kollegs Fuccioli an der Via Sant'Agata dei Goti zur Verfügung zu stellen.

»Hier könnt ihr wirken!«, ließen die Herren nach der Sitzung verlauten – und schoben die Verantwortung ab.

Vinzenz zögerte nicht. Er erteilte sofort Aufträge an Maurer und Schreiner, um am Gebäude ein paar bauliche Veränderungen vorzunehmen. Bald darauf wurden die Räume zweckmäßig und wohnlich eingerichtet. Endlich war es soweit: Am 5. Juni 1838 konnte die Pia Casa di Carità eröffnet werden. Welch ein Fest! Schon früh am Morgen machten sich die Mädchen bereit und hüpften von einem Bein aufs andere. In einem farbenprächtigen Umzug sollten sie einziehen in ihr Haus – festlich geschmückt und gekleidet. Doch am Himmel zogen Wolken auf, und sie bangten um ihre Kränze im Haar, um die sorgsam geflochtenen Zöpfe. Bloß nicht nass werden! Vinzenz Pallotti lächelte. »Erst kommen wir, der Regen nach uns!«, scherzte er und ging selbst ohne Hut und Schirm voraus. Das Wetter hielt sich gut, und alle kamen trockenen Fußes an. Ist das unser Haus, so hoch, so groß? Weit standen die Fenster offen, als wollten sie alle willkommen heißen, die sich zum Eingang drängten. Als erster jedoch trat Giacomo Salvati über die Schwelle. Denn er war es, der sich längst um die verwaisten Kinder gekümmert und für sie gesorgt hatte. Er war ein verdienter Mitbegründer des Hauses – und überglücklich, sein Ziel erreicht zu haben.

Ein gut geführtes Haus will organisiert sein. Vinzenz Pallotti bemühte sich, die nötigen Strukturen zu schaffen – nicht zu viele, aber auch nicht zu wenige. Die Leitung übertrug er Elisabetta Cozzoli. Sie war verwitwet, lebte in der Region Apulien und hatte acht Kinder großgezogen. Im Frühling 1838 zog sie nach Rom und lernte dort Vinzenz Pallotti kennen. Seine Anfrage überraschte und erschreckte sie zugleich.

Ob sie diese Herausforderung annehmen sollte? Noch hatte sie nicht reiflich überlegt, was eine solche Aufgabe für sie bedeuten könnte, ob sie ihr überhaupt gewachsen sei. Vinzenz Pallotti kommt ihr zuvor: »Eine Frau wie Sie haben wir gesucht! Wir könnten uns keine bessere denken. Acht Kinder haben Sie geboren, ernährt und ins Leben begleitet, jetzt kommen noch ein paar dazu. Als oberste Chefin werden Sie das Haus in Schwung halten – gemeinsam mit ein paar tüchtigen Frauen!«

Er schaut ihr offen ins Gesicht, in seiner Stimme schwingt Überzeugung mit. Sie aber senkt den Blick. Welch ein Wagnis! Ihr ist, als würde sie im Nebel stehen, in der Ferne den

Darstellung des Festzuges anlässlich der Einweihung des Mädchenwohnheims

Gipfel eines Berges vermutend, der nur auf schmalem Grat zu erreichen ist. Wie soll sie einschätzen, was auf sie zukommt, ob sie die Verantwortung, die auf sie wartet, tragen kann?

»Buon coraggio, Signora«, sagt Don Vincenzo, »unsere Herzen müssen größer sein als unsere Gehirne.«

Am 16. Juli 1838 wurden bei einer Zusammenkunft weitere Ämter verteilt: Man bestimmte einen Verwalter, einen Hausmeister und einen Buchhalter. Giacomo Salvati wurde mit Applaus zum Direktor ernannt.

Vinzenz Pallotti besuchte das Haus jede Woche.

»Der Abbate kommt!«, riefen die Mädchen, wenn sie ihn durchs Fenster sahen, wie er die Straße hinuntereilte und dem Eingang zusteuerte – im wehenden schwarzen Gewand. Die Kinder sprangen die Treppe hinunter, um ihn mit wildem Geschrei zu empfangen.

»Komm schnell! Komm, schau, wo ich schlafe!«

»Polenta, Don Vincenzo, Polenta mag ich nicht!«

»Don Vincenzo, wann kommt mein Papa zurück?« –

Das blonde Mädchen krallt die Finger in sein Gewand – und will es wissen. Der Schmerz der Waisen hält sich über Jahre, zeichnet Furchen in die jungen Gesichter, verschwindet langsam und kehrt plötzlich wieder zurück.

Hast du das Kind in die Arme genommen, ohne große Worte zu machen? Viel hättest du zu sagen gewusst, Vinzenz Pallotti, Erklärungen über das Jenseits, theologisches Wissen über Himmel und Fegfeuer hättest du predigen können. Viele Menschen waren trostlos zu deiner Zeit, doch die Kinder im Haus Pia Casa wurden früh eingeführt in die Wahrheiten des Glaubens, die kaum angezweifelt wurden. Hast du sie dem Kind mehr mit dem Herzen als mit dem Mund verkündet? Ihm deine Zuneigung geschenkt, als könntest du für solche Kinder ein bisschen Vater sein?

Vinzenz hörte sich die Anliegen der Leiterin an und hatte ein offenes Ohr für alle, die im Haus ihre Arbeit verrichteten. Er redete mit den Köchinnen, die das Gemüse putzten, und stieg die Treppe hinunter, wo ihm der Dampf aus der Waschküche entgegenquoll. Mit umgebundenen Kopftüchern rührten die Arbeiterinnen den Sud in den Waschtrögen, schwenkten die Leintücher hin und her. Wenn Don Vincenzo kam, musste man die Hände nicht abtrocknen. Mit ihm konnte man auch mitten im Trubel ein gutes Wort reden.

Das Haus stand unter einem guten Stern. Es beherbergte 40 Mädchen, nach einem Jahr bereits 60. Und später ist dort jene Schwesterngemeinschaft entstanden, die seinen Namen trägt: Die *Pallottinerinnen* wurden ins Leben gerufen.

Kein Wunder, dass dir die Pia Casa ans Herz gewachsen ist. Doch dir allein, lieber Vinzenz, ist das geglückte Projekt nicht zu verdanken. Wie hättest du nur Zeit gefunden für alle Schritte, die zur Gründung nötig waren? Du hattest schon Arbeit genug. Wie gut, dass du auf engagierte Menschen zählen konntest!

WIE ALLES BEGANN

An jenem Abend waren heftige Diskussionen im Gang.

Die Männer gestikulierten wild, klopften auf den Tisch und fielen einander ins Wort. Vinzenz, der seine Freunde eingeladen hatte, hörte gespannt zu. Denn mitten im Stimmengewirr wurden immer wieder Ideen laut, die bemerkenswert waren.

Er trifft sich regelmäßig in dem kleinen Kreis von Gleichgesinnten, der sich bereits im Jahr 1834 gebildet hatte. Denn er, dem große Ideale vorschwebten, muss mehr und mehr zur Überzeugung gekommen sein, nicht mehr alles allein schaffen zu können, so sehr waren die Aufgaben gewachsen. Ihm war klar: Es waren mehr Hände, Köpfe und Füße nötig. An allen Enden sah er brachliegende Äcker, offene Wirkungsfelder. Er sagte es laut, und er schrieb es auch, *dass das Gute, das man allein tut, gewöhnlich spärlich, ungenügend und von kurzer Dauer ist, sodass die hochherzigsten Bemühungen der Einzelnen nichts Großes hervorbringen können, wenn sie nicht zusammengefasst und auf ein gemeinsames Ziel hin geordnet werden.*

So suchte er Menschen – Priester und Laien –, die bereit waren, mit ihm am selben Strick zu ziehen.

Denn wo viele kämpfen, wächst die Kraft.

Wozu? – Was war »das Gute«, das zu vollbringen war? Für Vinzenz Pallotti war es das Christentum in Wort und Tat, das er auf der ganzen Erde verbreiten wollte. In jedem Land, in jedem Haus und Herzen sollte der zündende Funke gelegt werden, um weltweit ein Feuer zu entfachen, das nie verlöschen sollte. Kein Unwissen dürfte es mehr geben, keine Lauheit und Gleichgültigkeit.

Sein Ziel war hoch – und heute nicht mehr unbestritten.

Du hättest wohl am liebsten die ganze Welt katholisch gemacht?

Denn damals gab es im allgemeinen Bewusstsein noch nicht die vielen Religionen, die wir heute als unterschiedliche Wege zum selben Ziel respektieren. Es gab das Christentum als einzig wahren Glauben, der allen Menschen zugänglich gemacht werden sollte, um ihnen das beste Leben zu garantieren, das man sich denken konnte – das beste über den Tod hinaus. Andersgläubige waren Heiden, denen man so rasch wie möglich helfen sollte, den Weg aus dem Irrtum zu finden.

Wie dem auch sei: An jenem Abend redete man in dem lebhaften Gesprächskreis über die Lage in Rom und in der weiten Welt. »In den arabischen Ländern gibt es zu wenig erbauliche Literatur!«, sagt plötzlich einer, der es wissen muss. »Nicht nur bei uns, auch anderswo ist das Bedürfnis danach wach geworden. Man will sich geistig nähren. Vor allem religiöse Texte sind dort Mangelware. Die Menschen wollen lesen, doch die Bücher fehlen.«

Die Männer überlegen hin und her, dann überschlagen sich die Stimmen. Vinzenz schaut auf die Uhr, er will, dass endlich Vorschläge auf den Tisch kommen.

»Wer kennt ein Buch, das man empfehlen könnte?« Er beugt sich vor, blickt fragend in die Runde. »›*Die ewigen Wahrheiten*‹ von Alfons Liguori! Ein äußerst anregendes Buch.

Doch müsste man es übersetzen und dann drucken lassen. 10000 Exemplare wären nötig. Alles kostet Geld.«

Für Giacomo Salvati sind solche Fragen kein Problem. Als versierter Kaufmann kennt er sich aus, er handelt mit Seifen und sein Geschäft blüht. »Wir werden die nötige Summe auftreiben«, sagt er überzeugt, »eine Sammlung genügt!«

Und Vinzenz nimmt ihn gleich beim Wort. »Bravo Giacomo! Du bist der richtige Mann, um das Geld einzutreiben!« – Doch Giacomo weicht zurück. Er habe ja nur einen Vorschlag gemacht. Wer ihn ausführe, sei eine andere Frage.

Es war aber keine.

»Geh, fang morgen an!« – Vinzenz bleibt hartnäckig. Wem er eine Aufgabe zutraut, dem traut er sie zu. »*Man darf auch die kleinen Spenden und Beträge nicht mit Gleichgültigkeit betrachten. Oft kann man große Ergebnisse erzielen mit geringen Mitteln, die, zusammengelegt, auch groß werden.* Keiner weiß besser als du, wie man zu Geld kommt!«

Giacomo Salvati schweigt, den Kopf in die Hände gestützt. Hätte er den Vorschlag zurückgehalten, wäre er doch

Mitschrift einer Versammlung des Kreises
um Vinzenz Pallotti

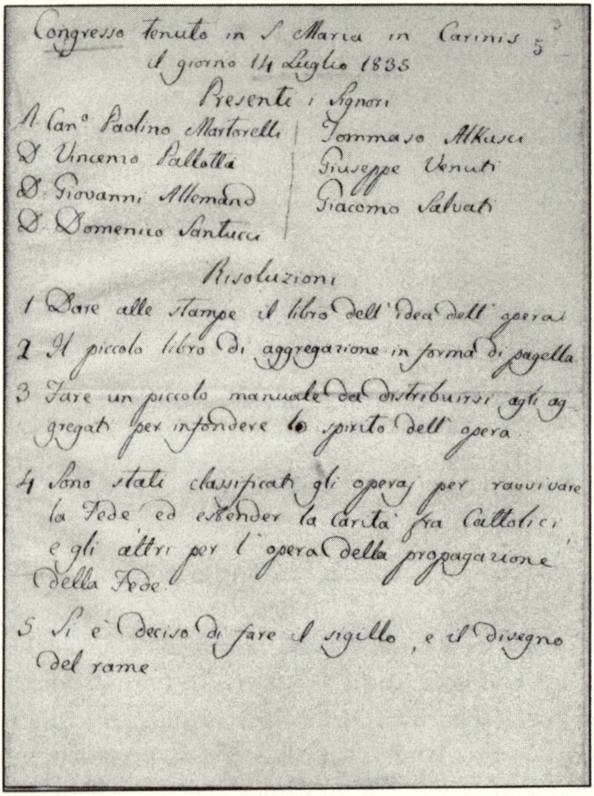

Congresso tenuto in S. Maria in Carinis 5
il giorno 14 Luglio 1835
Presenti i Signori

A. Can.° Paolino Martorelli	Tommaso Alkusci
D. Vincenzo Pallotta	Giuseppe Venuti
D. Giovanni Allemand	Giacomo Salvati
D. Domenico Santucci	

Risoluzioni

1 Dare alle stampe il libro dell'idea dell'opera
2 Il piccolo libro di aggregazione in forma di pagella
3 Fare un piccolo manuale da distribuirsi agli aggregati per infondere lo spirito dell'opera.
4 Sono stati classificati gli operaj per ravvivare la Fede ed estender la Carità fra Cattolici e gli altri per l'opera della propagazione della Fede.
5 Si è deciso di fare il sigillo, e il disegno del rame.

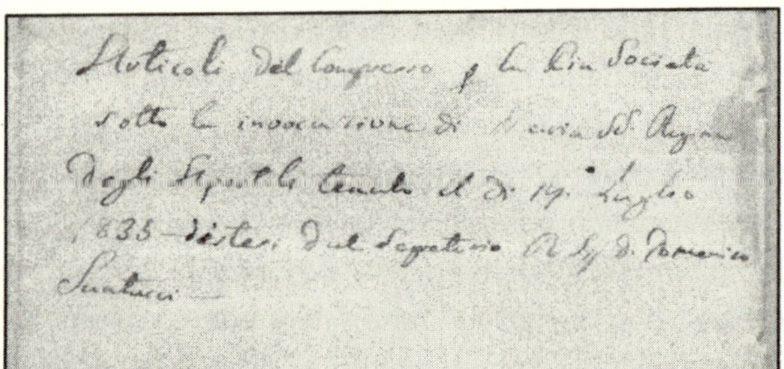

Articoli del Congresso per la Pia Società sotto la invocazione di Maria SS. Regina degli Apostoli tenuto il dì 14. Luglio 1835 – distesi dal Segretario il Sig. D. Domenico Santucci

nicht so vorlaut gewesen! Er versucht, Vinzenz wenigstens um ein Empfehlungsschreiben zu bitten. Mit seinem Gutachten wären die Leute vielleicht zu bewegen. Denn die Großherzigkeit von Don Vincenzo, die bereits in aller Munde war, könnte auch andere großherzig machen.

Doch Vinzenz Pallotti winkt ab: »Geh mit deiner eigenen Kraft ans Werk.«

»So gib mir wenigstens deinen Segen!«

»Meinen Segen? – No, no, Giacomo! Wenn schon mit Segen, dann mit Gottes Segen!«

Salvati ging.

Und wie er die Treppe hinuntersteigt und auf der Straße steht, verlässt ihn der Mut. Ich, der Geschäftsmann soll Bettelmann sein? Was werden die Leute denken? Lachen werden sie, hinter vorgehaltener Hand.

Im Schlaf wälzt er sich hin und her. Nein, ich bettle nicht. Ich könnte sagen, ich hätte alles versucht, und niemand habe Geld gespendet. So sind doch die Leute, behalten lieber für sich, was sie sich erspart haben. Doch wird man mir glauben? Vinzenz durchschaut mich, er kennt mich zu gut. Zu wem könnte ich gehen? Wen überreden, in den Geldsack zu greifen? Ich müsste über meinen Schatten springen, mich für die gute Sache gleichsam selbst überlisten.

Der verzweifelte Versuch, sich ins Gewissen zu reden.

Am andern Tag entschließt er sich, zumindest einen Versuch zu wagen. Er klopft zuerst bei einem reichen Kaufmann an. Welche Überraschung: Er überreicht ihm eine beträchtliche Summe, nachdem er sich vom Zweck der Sammlung überzeugt hat. Ermutigt durch den unerwarteten Erfolg sammelt Giacomo Salvati weiter. Er erstellt eine Liste von

Personen, von denen er denkt, sie könnten freigebig sein, meldet sich bei ihnen – und hat Glück. Schließlich bringt er einen stattlichen Betrag zusammen.

Vinzenz und seine Freunde fassen es kaum. »So viel? Das ist ja mehr als nötig, um das Buch zu drucken. Was tun wir mit dem Rest? Schaut her, wir haben ein kleines Vermögen!«

Es wurde zum Startkapital für die Gründung jener Vereinigung, die Vinzenz Pallotti wie ein Traum vorschwebte, den er verwirklichen wollte: eine Mobilisierung aller guten Kräfte – gegen Brutalität und Gewalt, gegen Lauheit und Gleichgültigkeit. Denn er konnte die Not der Menschen nicht länger mitansehen, ihren Mangel an Leib und Seele – das soziale Elend, die geistige Armut.

Vinzenz, wo bleibt dein Gott? Wo ist *die unendliche Liebe*, von der du immer wieder gesagt hast, dass sie allen gibt, was sie brauchen? Du hast doch zweifelsfrei daran geglaubt, dass die Welt durch Gott und seinen Sohn bereits erlöst ist! Und trotzdem liegt so viel im Argen – du hast es mit eigenen Augen gesehen. Wie viel Bedürftigkeit, wie viel Hass, Missgunst und Geiz triffst du überall an, keine Spur von Erlösung! Du bist den verwaisten Kindern begegnet, den Bettelbanden, die plündernd durch Roms Straßen zogen, den Vätern, die ihre Arbeit verloren, den Frauen, die nicht wussten, wie sie ihre Kinder ernähren konnten. Erlöste Menschen? Keineswegs! Für dich war klar, dass noch viel fehlt, bis man von Erlösung sprechen kann. Wohl hat sie begonnen, als Gott Mensch wurde, ein Armer unter den Armen, verehrt und missverstanden, umjubelt, verkannt und ermordet. Ein gescheiterter Versuch? Nicht wirklich, denn ein

Anlauf war genommen, ein wichtiger und entscheidender – da und dort sind Spuren gelegt. Doch war es wirklich nur ein Anfang, und jetzt muss die Fortsetzung folgen.

»Dazu sind wir gefragt!«, sagt Vinzenz, bevor er sich nach einem weiteren Treffen mit seinen Freunden zu später Stunde verabschiedet. »Das Werk hat begonnen, wir führen es weiter!«

AN DIE ARBEIT!

Wohlweislich hat sich Vinzenz Pallotti um die Zustimmung der Behörden bemüht, um die neu gegründete Vereinigung auf sicheren Boden zu stellen. Auch den Papst, der im damaligen Kirchenstaat nicht nur kirchliches, sondern auch weltliches Oberhaupt war, bat er um den Segen dafür – und bekam ihn umgehend. Am 11. Juli 1835 überbrachte Kardinal Odescalchi, mit dem Vinzenz schon länger befreundet war, die gute Nachricht von Gregor XVI.: *Seine Heiligkeit spendet der Gesellschaft des Katholischen Apostolates tausendfachen Segen und mit ihr allen Werken ..., denen sich die Gesellschaft widmen mag.*

Gesellschaft des Katholischen Apostolates? – Lieber Vinzenz, dieser Titel galt damals als progressiv – wir können es heute kaum glauben! Doch deine Idee ist interessant – nach wie vor: Denn mit »katholisch« hast du nichts Abgeschottetes, nichts Engstirniges gemeint, sondern ganz das Gegenteil: Gemäß der ursprünglichen Wortbedeutung rufst du etwas Universelles, Umfassendes ins Leben. Du willst keinen Verbund von Auserwählten gründen, um eine abgehobene Elite zu bilden, sondern ein Unternehmen schaffen für *alle* Gutgesinnten. Apostolisch? – Apostel möchten wir heute nicht sein, bewahre! Bloß keine ergebenen Anhänger einer absoluten Lehre, vor allem keine Jüngerschaft! Doch war auch das nicht deine Absicht, denn unter Aposteln hast du dir Menschen mit Verantwortung vorgestellt, auf die man zählen kann, Ermächtigte, die weltweit Gutes vollbringen.

Die Bezeichnung »Apostel« galt damals als Ehrentitel, der nur Mitgliedern der kirchlichen Hierarchie zustand. Very important persons – VIPs – würden wir sie heute nennen. Laien zählten auf keinen Fall dazu, davon waren die Kleriker überzeugt. Sie waren das religiöse Fußvolk auf der untersten Ebene – und sollten gefälligst dort bleiben.

Jedenfalls muss Pallottis Gründung Staub aufgewirbelt haben, denn die damit verbundene Vision, dass zwischen Priestern und Laien kaum Unterschiede bestehen und dass sie Schulter an Schulter zusammenarbeiten, war revolutionär. Genau das wollte er und trieb er entschieden voran. Kein Wunder, dass seine Idee unterschiedliche Reaktionen auslöste und teilweise auf erbitterten Widerstand stieß. Denn ein derart umfassendes Engagement, das sowohl Klerikern als auch Laien viel zutraut, passte längst nicht allen. Vinzenz stellte die kirchliche Ordnung radikal auf den Kopf – und kümmerte sich wenig um Einwände.

34 Laien – gibt es sie überhaupt? Nicht in deinen Augen! Denn Laien wären ja Leute, die nichts verstehen und nichts können. Doch deiner Ansicht nach sind alle fähig, Großes zu vollbringen: Kinder, Frauen und Männer, Arme und Reiche, auch Schwache und sogar Sterbende – egal welchen Standes, welcher Herkunft und welchen Alters.

Vinzenz, du hast früh gemerkt, was dir wichtig ist: kraftvolles Handeln, eingebettet in den großen Plan, die Menschheit zu erlösen – fortzuführen, was begonnen hat. Wie genau? Darüber hast du damals kaum viel nachgedacht – und einfach zugepackt. Entschieden hast du dich ins Zeug gelegt, kaum dass du zum Priester geweiht warst.

Es ist heute fast nicht vorstellbar: Priester gab es damals im Überfluss – wenigstens in Rom. In ihren schwarzen Röcken flanierten sie durch die Straßen, gut gebildete Männer, die sich stolz zur oberen Schicht der Bevölkerung zählten. Außer gelegentlichen Aushilfsdiensten hatten die meisten von ihnen nicht viel zu tun. Sie verrichteten ihre Stundengebete und versammelten sich gelegentlich zu geistlichen Gesprächen, die sie unter sich organisierten. Insgesamt führten sie ein geruhsames Leben, und nicht alle hatten den besten Ruf. Kleriker, die es auf Macht und Status abgesehen hatten, waren nicht selten. Es gab wenig offene Seelsorgestellen, vor allem die reichen waren jeweils schnell besetzt. Pfarrstellen, die als fette Pfründe galten, weil sie für geringe Leistung ein hohes Einkommen garantierten, waren besonders begehrt. Mancher Priester wartete jahrelang auf ein lukratives Angebot.

Du nicht! – Du bist sowieso in einer feudalen Situation gewesen, du brauchtest nicht einmal Geld zu verdienen. Welch ein Privileg: Dein Vater vermachte dir eine seiner Lebensmittelfilialen, die er in Rom erfolgreich führte, und somit war für dich gesorgt. Du warst – wie man es nannte – auf den Titel des väterlichen Erbes geweiht worden und somit keiner Diözese angeschlossen. Du warst also direkt dem Papst unterstellt – und deshalb völlig ungebunden. Ohne dich um das tägliche Brot kümmern zu müssen, hast du weiterhin im Elternhaus gewohnt, noch fast 20 Jahre lang. Du hättest dir ein sorgloses Leben einrichten können, mit beliebigem Studium, Gebet und Betrachtung.

Das wolltest du nicht.

Vinzenz Pallotti nutzte die Freiheit, die er hatte. Niemand stellte Erwartungen an ihn, niemand zog ihn zur Rechenschaft. Keine Vorgaben, keine Verpflichtungen! Theologen von heute mögen ihn darum beneiden: Kaum haben sie ihr Studium beendet, stehen sie mitten in einem organisierten Arbeitsfeld, um eine Lücke zu schließen, die vielleicht schon lange offenstand. Große Hoffnungen werden an sie herangetragen – sie könnten ein Lied davon singen! Freudig werden sie begrüßt und feierlich in ihr Amt eingesetzt. Und gleichzeitig wird ihnen eine lange Liste von Aufgaben überreicht, die sie ab sofort zu erfüllen haben.

Für Vinzenz gab es keine Antrittszeremonie, keine Vorgaben und kein Pflichtenheft. So konnte er seine eigenen Ideen von Seelsorge entwickeln und verwirklichen. Ganze Tage standen ihm zur Verfügung, um sie mit jener pastoralen Arbeit zu füllen, die er für wichtig hielt. Sogleich fing er damit an – und ging dabei keineswegs systematisch vor. Er packte einfach die Gelegenheiten beim Schopf, die sich von selbst ergaben, und tat, was er für richtig hielt.

Vorerst engagierte er sich in der Jugendarbeit von Santa Maria del Pianto, wo er schon lange bekannt war. In früheren Jahren gehörte er selbst zu dieser Gruppe. Gesprächszirkel,

Besinnungstage, aber auch Spaß und Spiel standen auf dem Programm. Vinzenz verbrachte mit den jungen Leuten freie Nachmittage und begleitete sie auf Wanderungen und Ausflügen. In der kleinen Kirche am Rande des jüdischen Stadtviertels feierte er mit ihnen Gottesdienste, die nachdenklich stimmten: Was heißt es, ein Samariter zu sein? Wie soll man das Gleichnis vom Sämann verstehen? Was nützen uns Gebete?

Vinzenz suchte Blickkontakt zu den jungen Menschen, er warf Fragen auf und gab ihnen weiterführende Gedanken mit auf den Weg.

Könnte er in Santa Maria del Pianto vielleicht Leitungsaufgaben übernehmen, am besten nächste Woche schon? – Er konnte.

Und ob er auch bereit wäre mitzuhelfen, in San Nicola degli Incoronati eine Abendschule zu gründen? Der Holzschnitzer Giacomo Casoglio beobachtet, wie viele junge Männer jeden Abend gelangweilt am Tiber herumstehen und allerhand Unfug treiben. »Wir müssen ihnen eine Beschäftigung geben, machst du mit, Don Vincenzo?« Keine Frage! Gemeinsam haben die beiden Männer Kurse geleitet – zur Fortbildung von Gesellen und Handwerkern. Die Teilnehmer konnten lesen und schreiben lernen und zugleich ihr spirituelles Leben fördern. Abwechselnd standen sie als Lehrer vor den jungen Leuten – einmal der Abbate, dann wieder der Holzschnitzer. Um die Müden abends wach zu halten, unterrichteten sie kurzweilig und lebendig. Auch stille Momente fehlten nicht, Bildung und Betrachtung ergänzten sich.

Kurze Zeit später wurde Vinzenz Pallotti in verschiedenen Kirchen als Prediger engagiert.

»Hast du ihn gehört, in Santa Maria del Suffragio?« – »Du meinst den jungen Abbate, den kleinen mit der hohen Stirn?« – Die vornehme Dame rückt ihren Hut zurecht und wendet sich der Freundin zu. Die beiden Frauen kommen vom Einkaufsbummel, an der Hausecke bleiben sie stehen.

»Ich muss schon sagen, seine Worte sind scharf! Er nimmt kein Blatt vor den Mund. Und weißt du, was mich am meisten erstaunt? Mir war, als würde jeder Satz genau auf mich zutreffen, als hätte er nur zu mir geredet!« – »Genau so ging es mir! Und als ich es ihm sagte, meinte er, ich hätte eben gut zugehört. Gern hätte ich länger mit ihm geplaudert, doch er blieb nicht stehen, ging sofort weiter. Mir scheint, er macht sich nichts aus Komplimenten.«

»Gut möglich! Aber dass sogar mein Mann ihn bis zum Schluss hörte, erstaunt mich wirklich sehr – er, der sonst einnickt nach den ersten Sätzen!«

Bald sprach Vinzenz nicht nur in Kirchen, er predigte auch auf den Plätzen der Stadt, obwohl er selbst meinte, sein Wort sei *die Stimme eines unnützen Knechtes*, *das schwache Geräusch einer Glocke*, *die tönt*, *aber nicht durchdringt*, *eine Schelle*, *die klingelt*, *aber nicht bewegt*.

Da steht er wieder und redet, dieser Don Vincenzo, obwohl er kaum den Lärm der Straße übertönt. Man bleibt stehen und lauscht auf dem Platz vor Santa Lucia del Gonfalone, in der Nähe seiner elterlichen Wohnung und dort, am Ponte Sisto, auf dem Platz von Trastevere. Zu jener Zeit war es durchaus üblich, im Freien Einladungspredigten zu

Der Ponte Sisto

halten, um die Menschen auf religiöse Veranstaltungen aufmerksam zu machen.

»Domani, domani! Benvenuti nella Chiesa dei Saponari!«

Hört zu, er ist nicht auf den Mund gefallen! Der Kaufmannssohn weiß seine Dienste anzupreisen. Und dennoch: Vinzenz war kein Mann der großen Worte. Trotzdem wurde er gehört. Vielleicht gerade deswegen. Seine Unauffälligkeit ist aufgefallen.

Der Vorsteher des Bildungshauses am Fuße des Gianicolo, in dem ausschließlich Personen gehobener Kreise verkehrten, wendet sich eines Tages an ihn: »Don Vincenzo, ich bitte um Ihre Mitarbeit!«

Diese wollte er bald nicht mehr missen, denn bereits die erste Ansprache zog die Vornehmen der Stadt in den Bann. Aufmerksam saßen sie in den Sesseln, in seidene Stoffe gekleidet, Goldketten um den Hals.

»Don Vincenzo, wann sprechen Sie wieder? Den Vortrag von morgen könnten doch Sie übernehmen!«

An der Universität Sapienza, wo Vinzenz einst seine Studien abschloss, kommt er plötzlich ins Gespräch. »Wir brauchen dringend einen Repetitor!«, meint der Rektor und holt ihn an die Hochschule zurück. »Sie sind genau der richtige Mann, ich kann mir keinen besseren denken!«

Er erinnert sich daran, wie Vinzenz als Student nach den Vorlesungen mit andern zusammengesessen ist, um zu besprechen, was doziert worden war. Wie gut der begabte

Pallotti erklären konnte, was für andere ein Buch mit sieben Siegeln war! Genau das war nun seine Aufgabe. Jeden Tag musste er – mit Ausnahme des freien Donnerstags – eine Disputation organisieren und leiten.

Vinzenz fing gleich damit an. Für einen bescheidenen Lohn erfüllte er diesen Auftrag zehn Jahre lang, auch wenn die Arbeit oft undankbar, manchmal sogar ziemlich mühsam war. Denn schon damals waren Studenten nicht immer aufmerksam und lernwillig. Doch unter ihnen lernte Vinzenz Pallotti Menschen kennen, die sich später als berühmte Gelehrte oder einflussreiche Persönlichkeiten einen Namen machten. In den späteren Jahren seines Wirkens sollten ihm solche Beziehungen sehr nützlich werden.

Den Kontakt zu den jungen Menschen von San Nicola hat er deswegen nicht abgebrochen. Die Abendschule blüht, doch der Holzschnitzer, mit dem er Seite an Seite unterrichtet hat, stirbt im Jahr 1823. Die Trauer ist groß, Vinzenz verliert nicht nur einen Kollegen, sondern einen treuen Freund, der ihm viel bedeutet hat.

Inzwischen ist im Haus neben der Kirche ein größerer Schulungsraum eingerichtet worden. Vinzenz begegnet dem Rechtsanwalt Michele Gigli, mit dem er sich bald ausgezeichnet versteht. Welch ein Glück: Er übernimmt die Arbeit des Holzschnitzers – für lange Zeit.

Wie viele Kurse habt ihr geleitet, wie vielen Menschen seid ihr begegnet! Doch auch dieser Freund wird dir nicht bleiben. Er stirbt im Jahr 1837, die Cholera reißt ihn mitten aus dem Leben. Jetzt liegt die ganze Last auf deinen Schultern, aber du wärst nicht Vinzenz Pallotti, wenn du nicht immer wieder Menschen zur Mitarbeit finden würdest – willige und fähige Männer und Frauen. Sie bedauern mit dir, dass es in Rom noch immer so viele Analphabeten gibt, weil keine Schulpflicht besteht.

Vor allem die Kinder der Armen sind in Gefahr! Sie schaffen es nicht, aus dem Elend zu kommen. Die Straße ist ihr Zuhause, als Bettler werden sie enden. Lernen müssen sie, um einen Beruf zu ergreifen, das Leben zu meistern.

Mit der Zeit entstehen weitere Abendschulen – insgesamt vier. Allen war Erfolg beschieden: Junge Leute – viele aus minderbemittelten Kreisen – meldeten sich an.

Und so kommt eins zum andern: Im Gewerbeheim von Termini bei Santa Maria degli Angeli setzt man Vinzenz Pallotti kurzerhand als geistlichen Leiter ein. Das ehemalige Armenhaus war offen für junge Menschen, die ein Handwerk lernen und zugleich durch ihre Arbeit etwas verdienen konnten. Immer öfter sieht man Vinzenz Pallotti auch in Trastevere in der Nähe des antiken Brückenbogens, im Haus Ponte Rotto. Dort unterrichtet er Jugendliche – vor allem aus den niederen Schichten der Stadt. Am Mittag schöpft er Suppe in die Teller und geht mit dem Brotkorb an den Tischen entlang, die Burschen lärmen und fluchen. Hier gilt es, sozial Randständige anzusprechen und sie dafür zu gewinnen, ihr Leben in gute Bahnen zu lenken.

Sag, Vinzenz, warst du nie überfordert? Es waren keine Chorknaben, auf die du dich eingelassen hast in dem wuchtigen, mittelalterlichen Gebäude. Wie hast du Streithähne beruhigt, die sich zornig in den Haaren lagen? Hast du ihnen manchmal die Leviten gelesen? Wie hast du die Kerle zur Vernunft gebracht, wenn es zuging wie im hölzernen Himmel? Du wirst getan haben, was dir richtig schien, hast den einen ins Gebet genommen, den andern in den Senkel gestellt. Du hast mit diesen Schlingeln gelebt, es herrschte nicht nur Sonntagsstimmung.

Und als das Erstkommunionfest vor der Tür stand, war er gefragt: Der Gottesdienst, den bisher immer ein Kardinal oder Erzbischof zelebrierte, wurde nun ihm aufgetragen.

Dem jungen Don Vincenzo? O ja, wem denn sonst!

Das Pensum stieg.

Vinzenz betreute alte und obdachlose Menschen, den Kindern und Jugendlichen erteilte er Religionsunterricht. Man bat ihn, in verschiedenen Gruppen Gottesdienste zu halten. Man rief ihn in Gefängnisse und Frauenklöster, man fragte ihn für Vorträge an. Und nachdem er bereits in mehreren Häusern der Stadt bei der Durchführung von Exerzitien mitgeholfen hatte, wurde ihm bald die selbstständige Leitung von Kursen übertragen.

Nun war das Maß voll. Oder noch nicht?

Tun wir alles Gute, das im Bereich unseres Könnens liegt, alles, alles, wenn möglich endlos viel, schreibt er an seinen langjährigen Freund Gaspare del Bufalo.

Und wenn die Kräfte versagen?

Du wirst es später erfahren, Vinzenz, dass auch du nur ein Mensch bist. Niemand ist dauernd belastbar, jeder hat seine Grenzen. Plötzlich macht der Körper nicht mehr mit, und auch der Geist ermüdet. Doch damals warst du jung und ungestüm. Dein Tag begann in den frühen Morgenstunden und endete spät am Abend.

Vinzenz war – gleichsam freiberuflich – vielseitig unterwegs. Bis ihm eines Tages das Amt eines Kanonikers am Pantheon angeboten wurde – eine ruhmreiche Anstellung, die jeder Kleriker freudig angenommen hätte. Hohes Ansehen und beste Bezahlung waren garantiert.

Doch Vinzenz lehnte dankend ab. Man möge die Stelle einem anderen geben.

Einige Zeit später wurde ihm nahegelegt, sich für die frei gewordene Stelle an der reichen Pfarrei San Marco zu bewerben. – »Nein danke, lieber nicht.«

Der junge Pallotti war seinem Ideal, unbegrenzt wirken zu können, schon viel zu nahe gekommen.

AUS ENGEN GASSEN

Als Vinzenz am 21. April 1795 zur Welt kam, läuteten alle Glocken von Rom. Nein, nicht seinetwegen. Man feierte die Gründung der Ewigen Stadt. Doch kurze Zeit später fielen Schüsse. Die Französische Revolution brachte Gesandte aus Paris nach Rom. Bewaffnete Regimenter drangen in die Stadt ein, es gab Mord und Totschlag. Der römischen Bevölkerung zog man durch hohe Steuern das Geld aus der Tasche, und die jungen Römer mussten im französischen Heer Kriegsdienst leisten. Papst und Kirche wurden mit allen Mitteln bekämpft. Kleriker und zivile Beamte mussten einen Treueid auf Napoleon schwören. Wer sich widersetzte, wurde nach Korsika abgeführt. Aus den Kirchen raubte man die goldenen Kelche, um sie in vulgären Orgien als Trinkgefäße zu benutzen. Auch Klöster wurden geplündert. Als Vinzenz drei Jahre alt war, kapitulierte die letzte Festung des Papstes, die Engelsburg. Rom wurde zur Republik nach französischem Muster erklärt, der Papst gefangen genommen. Auf der Engelsbrücke stand eine französische Freiheitsstatue. Die Menschen in Rom waren schockiert.

Auch die Familie Pallotti blieb von den turbulenten Ereignissen nicht verschont. Aber alles spricht dafür, dass Mutter, Vater und Kinder in dieser schwierigen Zeit unbeirrt ihre Wege gingen. Man vertraute auf Gott und ging der Arbeit nach.

Das Geburtshaus von Vinzenz Pallotti steht in jenem Quartier, in dem er zeitlebens wirkte. Aus dem oberen Stock des Hauses Nummer 130 an der Via del Pellegrino kam sein erster Schrei, direkt aus der Wohnung über dem Lebensmittelgeschäft, das sein Vater mit kaufmännischem Geschick führte. Dort kauften die Frauen bei ihm ein, packten Mehl, Salz und Reis in ihre geflochtenen Körbe und legten das nötige Kleingeld auf den Ladentisch.

»Grazie, Signora, grazie mille!« – Peter Paul Pallotti muss ein freundlicher, aber auch tüchtiger Geschäftsmann gewesen sein. Eine zweite Filiale, die er später Vinzenz vererbte, betrieb er in Trastevere, eine dritte in der Nähe des Petersdoms.

Vinzenz kam als drittes von zehn Kindern zur Welt. Das erste starb nach einem Jahr. *Ins Paradies eingegangen*, schrieb der Vater – wohl mit Tränen in den Augen – ins *Kinderverzeichnis*, das bis heute erhalten ist. Das zweite Kind – Salvatore – blieb am Leben, während alle Töchter früh den Tod fanden. Was das für die Mutter bedeutete, können wir nur ahnen: immer wieder schwanger werden und stets von Neuem hoffen und bangen! Das war damals keine Seltenheit. Glücklich und besorgt zugleich muss Maria Magdalena de Rossi über die Geburt ihres dritten Sohnes gewesen sein. Im besagten Kinderverzeichnis ist zu lesen: *Am 21. April 1795, um 16 Uhr wurde der dritte Sohn geboren. Am 22. wurde er in San Lorenzo in Damaso auf die Namen Vinzenz Alois Andreas getauft. Taufpate war Nikodemus Bonaccorsi, Taufpatin die Tante Maria Graziosi.*

Du bist in eine unruhige Zeit, aber in eine sittsame, kleinbürgerliche Familie hineingeboren: Alles war vorhanden, nichts hat gefehlt. Zwar gehörtet ihr nicht zu den Reichsten der Stadt, aber auch nicht zu den vielen Armen, die damals in Rom lebten, durch die Straßen streunten und ihre Arme zum Betteln ausstreckten. Mit ihnen hast du früh Bekanntschaft gemacht und sie haben dich dein Leben lang nicht losgelassen.

Schon als kleines Kind soll Vinzenz aus dem Laden des Vaters Käse stibitzt haben, um ihn den Hungrigen zu bringen. Auch wird erzählt, dass er freiwillig auf den Nachtisch verzichtet und sein Stück Kuchen auf die Straße gebracht hat. Seine Tante Candida habe nicht schlecht gestaunt, als er sie ohne Hose und Schuhe besuchte, weil er auf dem Weg nach Frascati einem Bedürftigen begegnet war. Mehr als einmal soll er sogar sein Bettzeug unter den Arm genommen und es den Armen verschenkt haben. Der Vater habe ihm jeweils neue Decken kaufen müssen. Stimmt's? – Wir können es heute nicht mehr nachweisen, aber möglich ist es schon. Er hat ja auch Eltern gehabt, die nicht blind an den Notleidenden vorübergingen. Beide waren freigebig und großzügig. Manchmal hat er seine Mutter auf Krankenbesuchen begleitet und gesehen, wie sie tröstete und aufrichtete. Das hat ihm sicher Eindruck gemacht. Und später hat er gesagt: »Ich habe viel von meinen Eltern gelernt.«

Sein Vater erreichte für die damalige Zeit ein hohes Alter, er wurde 89 Jahre alt. Die Mutter starb im Jahr 1827 mit 62 Jahren, nach langer, schmerzhafter Krankheit. Während der letzten drei Jahre war sie fast ständig ans Bett gefesselt und litt an qualvollen Geschwüren, die ihren Körper allmählich zersetzten. Krebs? Man kann es vermuten. *Wir flehten in dieser Not zu Gott, und für den Augenblick ging die Gefahr vorüber. Aber die Krankheit nahm ihren Verlauf. Die Ärzte verordneten Luftwechsel. Man schaffte die Kranke nach Frascati, wo sie vollständig erschöpft ankam und keine Besserung erfuhr*, wird Vinzenz später schreiben. Sie muss ihm viel bedeutet haben, la cara sua mamma. Während sie krank war, hat er sie besucht, so oft er konnte.

Maria Magdalena Pallotti wurde in der Kapuzinerkirche della Concezione beigesetzt. *Ich gehe zu meinen Kindern an Gottes Thron*, soll sie zuletzt gesagt haben.

Welche Vision! Ein Vertrauen, das keinen Zweifel birgt. Wie muss eine solche Gewissheit die Menschen getragen haben! Ihr Leben lang hatten sie ihr Ziel vor Augen: die glückliche Ewigkeit! Kein Schmerz war so schmerzhaft, dass er nicht aufgefangen war in solchem Trost. Vinzenz selbst verfasste die Grabinschrift für seine Mutter und ließ sie in die Marmortafel einmeißeln, die bis heute zu sehen ist.

Gott hat mir heilige Eltern gegeben, schreibst du in einem deiner Briefe. – Entschuldige, lieber Vinzenz, ein solcher Satz bleibt uns unweigerlich im Hals stecken. So idealistisch und fromm mögen wir Menschen von heute nicht reden. Was wolltest du eigentlich sagen?

Meintest du Eltern, die ein gutes Leben führen, wissend, dass ein Gott mit ihnen ist, der sie durch Höhen und durch Tiefen trägt? Denkst du an einen Vater, der sein Kind ermutigt, eine Mutter, die es schützt?

Du hast wahrscheinlich mehr gemeint: Die besten Eltern hattest du, keine besseren kann man sich denken! Durch dick und dünn sind sie zu ihren Kindern gestanden. Heilige sind unerschrockene Menschen, keine verzagten, nicht nur gütig und verständnisvoll, sondern auch mutig und aufmüpfig, wenn es sein muss.

Heilig – das Wort der Superlative. Es klang gut in seinen Ohren und wo er konnte, hat er es verwendet. Und mit Gott, dem Heiligsten, war er schon früh vertraut. Mit ihm hat er gesprochen, mit lauter Stimme und in stiller Betrachtung, in verlassenen Winkeln und erhabenen Kirchen. Ihm hat er seine Gedanken geschickt, das Lob, den Dank und viele, viele Bitten! Er ist mit ihm in seine Zeit hineingewachsen, die uns fremd geworden ist mit ihrer Frömmigkeit und ihrem festen Glauben, der keine Fragen stellt.

Nicht nur für Vinzenz Pallotti, auch für andere Menschen des 19. Jahrhunderts war Religion eine Selbstverständlichkeit. Als wäre die Reformation an Rom vorbeigegangen, gab es in der ganzen Stadt fast ausschließlich Katholiken, außer ein paar Juden, die dort als kleine Minderheit lebten. Gott und die Kirche wurden nicht angezweifelt, zumindest nicht nach außen. Ablässe hatten zwar nicht mehr Hochkonjunktur wie im Mittelalter, aber man war immer noch bestrebt, solche zu gewinnen. Mit einer Gewissheit ohnegleichen war das Christentum samt allen Verheißungen, Festen und Pflichten ins Leben integriert – auch in politisch turbulenten Jahren. Man wusste, was gut und richtig war, und man bemühte sich, danach zu leben. Vinzenz Pallottis Vater hat täglich frühmorgens zwei Messen besucht, manchmal sogar drei, bevor er den Laden öffnete und die ersten Kunden bediente. Religiöse Übungen wurden wohl nach ihrer Qualität, aber auch nach ihrer Quantität bemessen. Je mehr, desto besser! So hat Peter Paul Pallotti auch nach dem Mittagessen und am Feierabend noch eine Kirche besucht – bei jedem Wetter. Er war mehreren religiösen Vereinigungen angeschlossen, die damals bekannt waren. Seine Frau ist ihm diesbezüglich in nichts nachgestanden. Auch sie war Mitglied in verschiedenen *Bruderschaften*, wie man gewisse Gruppierungen nannte, die sich zu bestimmten Andachtsübungen verpflichteten. Rituale und Gebete strukturierten den Alltag. Maria Magdalena Pallotti muss zudem eine Frau mit großen Empfindungen gewesen sein. In ihren Gebeten schwangen die Gefühle mit.

Für die Eltern Pallotti war klar, dass sie ihre Sprösslinge zur Schule schickten. Das war damals keineswegs selbstverständlich. Im Alter von fünf oder sechs Jahren besuchte Vinzenz die Schule der Piaristen in San Pantaleone, nicht weit vom Elternhaus entfernt. Dort lernte er lesen, schreiben und rechnen. Zu Beginn schien ihm allerdings das Lernen nicht ganz leicht gefallen zu sein.

»Vinzenz, lies weiter!« Der Lehrer, das Buch in der Hand, geht zwischen den Schulbänken auf und ab. Vinzenz zuckt zusammen. Er hat nicht mitgelesen, ist längst abgeschweift. Vor seinen Augen verschwimmen die Buchstaben, die Stimme des Lehrers hat ihn mitten aus den Fantasien gerissen.

Vinzenz, warst du ein kleiner Träumer? Beinahe könnte man es meinen! Statt Zahlen und Buchstaben zu lernen, hast du die Gedanken ziehen lassen, die Mitschüler beobachtet oder den Tauben nachgeschaut, die über die Dächer der Altstadt flogen.

Jedenfalls haben ihm die besorgten Eltern Nachhilfestunden geben lassen. Und sie haben mit ihm gebetet! Es war ihre Überzeugung: Wo menschliche Kräfte versagen, da hilft Gott. Jedenfalls – so wird berichtet – dauerte es nicht lange, und Vinzenz gehörte zu den Klassenbesten. Jetzt war er derjenige, der anderen beim Lernen helfen konnte. Öfters sind Kameraden zu ihm nach Hause gekommen, um mit ihm zusammen die Aufgaben zu machen. Später bekam er sogar Auszeichnungen für seine schulischen Leistungen. Man schreibt, die goldenen und silbernen Medaillen, die ihm überreicht wurden, habe er kurzerhand an die Armen verschenkt, ohne darüber ein Wort zu verlieren – auch zu Hause nicht. Offenbar dachte er, solche Dinge seien nicht der Rede wert. Im Herbst 1807 wechselte er die Schule: Mit zwölf Jahren kam er ans Römische Kolleg. In diesem Gymnasium lernte er Grammatik und Mathematik, auch Humanität, Latein und Religion.

In jenen Jahren konnte sich Vinzenz Pallotti ein umfassendes Allgemeinwissen aneignen. Sein Blick weitete sich über die engen Gassen seines Wohnquartiers hinaus: Er erlebte das alte Rom – einst Mittelpunkt der Welt – mit seinem bewegten gesellschaftlichen Leben, das sich in Palästen, Bädern und Theatern abspielte. Rom war die Stadt der Städte, die alle übertraf an Reichtum und an Größe – bis die prunkvolle Metropole in Schutt und Asche versank.

Die Vergangenheit wurde Gegenwart, als Vinzenz die Geschichte der Siebenhügelstadt immer besser kennenlernte. Nicht weit von der Schule entfernt sah er den prächtigen Rundbau des Pantheons, ein Zeuge aus der Zeit von Kaiser Hadrian. Oben beim Kapitol gewann er einen Eindruck von den alten Römern, den Herren der damaligen Welt, und auf dem Forum Romanum konnte er sich das ausgelassene Leben vorstellen, das einst mit Wein, Weib und Gesang über die Bühne ging.

Wo früher Staatsgebäude oder prächtige Tempel standen, in denen winzige Menschen den erhabenen Göttern dienten, standen jetzt die monumentalen christlichen Wahrzeichen: der Petersdom, die Lateranbasilika und viele andere Heiligtümer, zum Beispiel Santa Maria Maggiore, die größte Marienkirche, von denen es in Rom über 40 gibt.

Der junge Student ahnte die Größe der Ewigen Stadt, die seine Heimat war.

Vinzenz Pallotti, was tatest du sonst? Die Biografen des 20. Jahrhunderts werden nicht müde, dich als unglaublich braven Jugendlichen zu schildern. In eurem Wohnviertel, wo die Leute im Laden deines Vaters einkauften und du mit andern Jungen herumgezogen bist, sollst du jeden Streit sofort geschlichtet haben. Wir mögen es nicht so recht glauben, denn jene Autoren, die deinen Heiligsprechungsprozess vorantreiben wollten, suchten akribisch nach Zeichen und Wundern, um dich ins beste Licht zu rücken. Wir stellen uns dich lieber als ganz normalen Burschen vor, der nach südländischer Manier durch die Finger pfiff und als Kind durch die Gassen rannte, um beim Versteckspiel blitzschnell hinter der nächsten Hausecke zu verschwinden.

Vinzenz Pallottis Vater, von ihm selbst gezeichnet

Eines Tages soll ihn eine Nachbarin beobachtet haben. Sie sah zu, wie er als kleiner Junge den Ball an eine Hauswand warf und wieder auffing – schnell und immer schneller. »Kompliment, Vinzenz!«, rief sie ihm zu, während sie den Kehricht zusammenwischte, »wie geschickt du bist!« Es wird erzählt, dass er aufgehört habe zu spielen und auf sie zugegangen sei mit der Frage: »Werden Sie mir auch zuschauen, wenn ich in der Kirche die Messe lese?«

Mag sein, dass du früh gewusst hast, welchen beruflichen Weg du einschlagen willst. Priester zu werden – das stand für dich fest.

Wie bist du darauf gekommen?

GROSSER GOTT FÜR KLEINE LEUTE

Vinzenz Pallotti ist in einem Umfeld aufgewachsen, wo ihm Religion auf Schritt und Tritt begegnete. Rund um sein Elternhaus steht eine Kirche neben der andern – heute zwischen Straßencafés, Pizzerien und Kleidergeschäften, damals neben

Schneider-, Schuster- und Schreinerwerkstätten. Es gab kaum Distanz zwischen Gott und den Menschen, sie wohnten nahe beisammen. Die Leute wussten um seine Gegenwart, während sie ihrem Gewerbe nachgingen, sie kochten, aßen und schliefen in ihren einfachen Behausungen Wand an Wand mit prunkvollen Kirchen, die wie Mahnmale in ihrem Leben standen.

Wie oft wird sich der kleine Vinzenz mit aller Kraft an eines der schweren Portale gelehnt haben, um es einen Spaltbreit zu öffnen und aus der belebten Straße hineinzuschlüpfen in eine andere Welt: riesige Gewölbe auf hohen Säulen, prächtige Mosaike und Fresken, soweit das Auge reicht. Bilder und Statuen in Lebensgröße mit Augen, Mund und Händen, als wären sie aus Fleisch und Blut.

Man steht, staunt und schweigt.

Regelmäßig soll sich Vinzenz in der nahen Chiesa Nuova

aufgehalten haben, wo Philipp Neri gewirkt hatte: Dieser volkstümliche Heilige, der 200 Jahre vor ihm in denselben Gassen der römischen Altstadt lebte, wurde ihm früh vertraut. In seiner Kirche hat Vinzenz regelmäßig als Ministrant Wein und Wasser in die goldenen Kelche gefüllt, Kerzen getragen und die Altarglocken geläutet.

»Was ist das für eine Frau hier …?« – Vinzenz, ein paar Jahre alt, zeigt mit dem Finger auf das Bild an der Wand. »Das ist Maria«, erklärt sein Vater, der soeben das Lebensmittelgeschäft geschlossen hat und die Treppe hochgestiegen ist, um den Feierabend zu genießen. »Du kennst sie doch, die Muttergottes!« – Vinzenz erinnert sich. An Weihnachten stand die Krippe im Wohnzimmer, er hat selbst mitgeholfen, die Figuren aufzustellen: Maria und Josef, die Hirten, die Schafe. Aber hier auf dem Bild sieht sie nicht glücklich aus, die Mutter Maria. Hat sie geweint? Mit gesenktem Blick schaut sie auf den Mann, der tot in ihren Armen liegt. »Warum ist er gestorben? War er krank?« – »Die Menschen haben ihn getötet, sie haben Jesus ans Kreuz genagelt – das weißt du, Vinzenz!« Der Vater legt dem Jungen den Arm um die Schultern. Er ringt nach Worten, weiß nicht so recht, wie er dem Sohn erklären soll, was er selbst nicht begreifen kann. »Er hat auf dieser Welt gelebt, er hat Kranke geheilt und … trotzdem haben sie ihn getötet.« – »Warum haben sie es getan?« Vinzenz bleibt unerbittlich. Er klettert auf einen Stuhl, um das Bild aus der Nähe zu sehen – die traurigen Augen der Mutter, den verwundeten Körper des Sohnes. Er will verstehen, was unverständlich ist.

Man muss kaum betonen, dass das religiös geprägte

Familienleben den Berufswunsch von Vinzenz beeinflusste: die regelmäßigen Gebete im Rhythmus des Tages, das Kreuzzeichen mit Weihwasser, die Kniebeuge vor dem Allerheiligsten. Der Junge war umgeben von Heiligenbildern in der ganzen Wohnung, am Mittagstisch, im Schlafzimmer: Maria, die Schmerzensmutter, Katharina von Siena, Antonius von Padua, Teresa von Ávila. Ganz zu schweigen von den biblischen Geschichten, welche die Mutter mit Herzblut erzählte – vom Gastmahl, vom Fischfang, vom Kreuzweg. – Das war seine Welt.

Tief bewegt ist er als kleiner Mensch vor seinem großen Gott gestanden.

»Vinzenz, was soll das?« – Die Mutter steht vor dem Waschkorb und hält dem Jungen ein Hemd unter die Nase, voll von Blutspuren. Sie ahnt, was ihr Sohn getan hat, aber sie weiß nicht, was sie darüber denken soll. Vinzenz senkt den Blick. Er schweigt.

Man weiß es aus zuverlässigen Quellen: Schon als Jugendlicher hat er sich eine Geißel beschafft und sich regelmäßig geschlagen. Auch andere Bußwerkzeuge gehörten später zu seinem Inventar, zum Beispiel ein Bußgürtel aus rauem Fell. Solche Abtötungen waren damals keine Seltenheit: In Klöstern waren sie üblich, Vinzenz hat davon gehört.

In jugendlichem Übermut hast du nachgeahmt, was dir Eindruck machte, ohne es kritisch zu hinterfragen. Doch damit hast du gründlich übertrieben. Alles zur Ehre Gottes! Wie kann man bloß? So fragen wir uns. Vinzenz Pallotti, du hast deiner Gesundheit geschadet, die ohnehin nicht sehr stabil war! Hast du denn deinen jugendlichen Körper in seiner Kraft und Schönheit nicht als Geschenk Gottes betrachtet?

Doch damit nicht genug: *Anstatt Suppe nahm er eine Zeit lang Wasser, in das er harte Brotstücke tunkte, bis ihn der Vater nötigte, auch Suppe zu essen. Seinerseits bevorzugte Vinzenz stets Gemüse und Polenta ohne viele Zugaben. Abends begnügte er sich meistens mit einigen Lattichblättern. Anstelle des üblichen Tischweins trank er Wasser oder nahm nur auf Geheiß des Vaters etwas Wein dazu. Des Morgens trank er nur wenig Kaffee, den er oft mit Wasser verdünnte.*

So schreibt man über ihn.

Wer aber weiß so genau, was du wirklich getan hast? Wir können dich nicht mehr fragen, und Autoren, die 100 Jahre nach deinem Tod von dir berichten, machen sich ihr eigenes Bild. Es gab Zeiten, in denen strenge Askese große Bewunderung auslöste, und dir, Vinzenz, hat man die größten Entsagungen zugetraut. Jenen Berichten jedenfalls, wonach du die besten Speisen absichtlich mit bitteren Pulvern bestreut haben sollst, damit sie dir nicht schmeckten, können wir nicht unbedingt glauben. Vielleicht hast du das einmal getan, vielleicht mehrmals – oder nie.

Doch eines wissen wir: Seine brutalen Geißelungen sind Tatsache. Seine Mutter war trotz ihrer Gottverbundenheit tief besorgt darüber. Bestimmt konnte sie seine Absicht nachvollziehen, aber für sie war solches Tun des Guten zu viel – auch für den Vater. Darum hat er sich an Bernardino Fazzini gewandt, den Pfarrer von Santa Cecilia in Trastevere, jenseits des Tibers. Dieser engagierte Seelsorger war schon früh Vinzenz Pallottis Ratgeber, und er ist ihm bis zu dessen Tod im Jahr 1837 treu geblieben. Bei ihm hat er auch regelmäßig die Beichte abgelegt, wie es damals für die Christen in Rom selbstverständlich war.

Don Fazzini war dein Coach – so würden wir heute sagen. Ihm hast du restlos vertraut, mit ihm alles besprochen, was für dein Leben wichtig war. Zum Glück hat es diesen Mann gegeben, der deinen überbordenden Eifer in gemäßigte Bahnen lenkte. Denn es scheint, als hättest du weder Maß noch Grenzen gekannt, als wolltest du mit deinem Denken, Wollen und Streben alle übertreffen.

»Lasst ihn nur«, soll der kluge Pfarrer zum Vater gesagt haben, »der Junge wird seinen Weg machen.«

Doch selbst die Nachtruhe hat er sich absichtlich erschwert, indem er auf dem nackten Boden schlief – mit einem knorrigen Stück Holz oder einem kantigen Stein unter dem Kopf. Was fiel ihm sonst noch alles ein? Gelegentlich hat er die Nacht auf einem Korb voller Bücher verbracht, statt sich ins Bett zu legen – wenn wahr ist, was man über ihn schreibt.

»Vinzenz, hör auf mit solchen Selbstquälereien!«, möchten wir dir zurufen. Doch in unserer Zeit wären dir solche Eskapaden kaum in den Sinn gekommen. Du hättest anderes getan, um

Gott zu gefallen. Denn darum ging es dir, allein darum. Und später – wir wissen es – standen solche Bußübungen nicht mehr im Zentrum deines Lebens. Zu viel hast du dir an Arbeit aufgebürdet. Und vor allem: Du warst bei den Menschen. Dort hast du deine Aufgabe gesehen, die dich voll und ganz in Anspruch nahm. Alles andere trat in den Hintergrund.

WOHIN DES WEGS?

Im August 1809 feierte man den 40. Geburtstag von Napoleon – mit viel Tamtam. Mitten in Rom veranstalteten die französischen Machthaber öffentliche Festspiele zu Ehren ihres Kaisers, der auf der Höhe seiner Macht angelangt war. Auf der Piazza Navona – einem der beliebtesten Plätze der Stadt – war ein gigantischer Zirkus aufgebaut. Die ganze Bevölkerung wurde zu den spektakulären Pferderennen eingeladen. Welche Aufregung! Um sich einen günstigen Platz zu ergattern, drängten sich Kinder, Frauen und Männer frühzeitig zu den Zuschauerbänken. Bevor die Gespanne aus den Boxen stürmten, hielten sie den Atem an und applaudierten, wenn die geschmückten Streitwagen ihre Runden drehten.

Draußen auf dem Platz war ein großes Fest im Gang. Zwischen den prachtvollen Fassaden spielten Musikanten auf und die Menschen tanzten wild um die barocken Brunnen herum, als wollten sie die massigen Steinfiguren mitreißen, die auf den Sockeln standen. Für ein paar Tage konnten die Römer ihre Angst vergessen. Man lachte, aß und trank.

Vinzenz war nicht dabei. – Sein Vetter Francesco hatte umsonst versucht, ihn zu überreden.

»Vinzenz, komm mit, ein solches Schauspiel darfst du dir

nicht entgehen lassen! Wir werden Freunde treffen. Und viele Verwandte und Bekannte.«

Stattdessen besuchte Vinzenz die Kapuzinerkirche Santa Maria della Concezione. Dort fand eine neuntägige Andacht statt zur Vorbereitung auf das Fest Mariä Himmelfahrt.

Ach, Vinzenz! Kannst du nicht einmal eintauchen in Lust und Heiterkeit? Warum eigentlich nicht? Ein 14-jähriger Bursche darf doch auch einmal Spaß haben! Deine Verwandten mögen dich und deine Freunde auch. Sie laden dich ein, um einen fröhlichen Nachmittag zu genießen. Und du sagst ab. War dir der Trubel zu viel? Hast du öfters Menschenansammlungen gemieden, weil dir die Stille lieber war? – Es könnte so sein.

Auf dem Rückweg wurde Vinzenz von einem Platzregen überrascht. Triefend nass kam er zu Hause an. Seine Verwandten und Bekannten, die den Napoleonspielen beigewohnt hatten, waren kurz vor ihm daheim, um in der guten Stube seiner Eltern noch eine Weile gemütlich beisammenzusitzen. Sie waren vom Regen verschont geblieben.

Francesco lachte ihn aus. Schadenfroh soll er gesagt haben: »Siehst du! Du gehst in die Kirche und betest, und trotzdem wirst du nass bis auf die Haut! Wir aber waren beim Schauspiel und kamen trocken heim.«

Was hast du darauf geantwortet? Vielleicht warst du schlagfertig genug und hattest eine treffende Antwort auf der Zunge – hoffentlich eine mit Schalk und Witz, welche die Runde erheiterte. Oder du hast gar nichts gesagt und einfach geschwiegen.

Jedenfalls kehrte bald darauf der bittere Alltag zurück. Die Menschen fürchteten sich, durch die Gassen zu gehen, an jeder Ecke lauerte die Angst. Napoleon hatte den Kirchenstaat kaltblütig in sein Reich einverleibt, in Rom herrschten die Franzosen. Landauf landab wurden Ordenshäuser aufgehoben. Man vertrieb Mönche und Nonnen. Auch eine Tante von Vinzenz, die im Kloster San Gemini lebte, wurde auf die Straße gesetzt. Sie war die ältere Schwester der Mutter und hatte Glück im Unglück: Im Hause Pallotti fand sie Unterschlupf und lebte längere Zeit mit der Familie unter einem Dach.

»Erzähl von eurem Kloster! Sag, wie lebt man franziskanisch?« – Vinzenz wollte es wissen. In der Küche setzte er sich zu seiner Tante an den Tisch und stellte ihr Fragen, die ihm seit einiger Zeit durch den Kopf gingen.

Will ich Ordensmann sein? Soll ich Kapuziner werden? Er überlegte hin und her. Das franziskanische Ideal mit der heiteren Genügsamkeit und der großzügigen Liebe zu allem Lebendigen hatte es ihm schon länger angetan. Nicht zuletzt war es auch der einfache Lebensstil dieser Klostergemeinschaft, der ihn anzog. Eines Tages stand sein Entschluss fest, und er freute sich darüber. Doch es kam anders.

Wie immer, wenn Entscheidungen bevorstanden, suchte er Don Bernardino Fazzini auf. »Nein, Vinzenz«, riet der weise Seelsorger, »für diesen strengen Orden bist du kaum stark genug.« Auch die Eltern runzelten die Stirn. Schlussendlich ließ sich Vinzenz ärztlich untersuchen. Jetzt war es klar: Seine körperliche Gesundheit erlaubte es nicht, diesen Weg einzuschlagen.

Damit musste er sich abfinden. Es war vielleicht nicht einfach, diesen ausgereiften Wunsch zu begraben. Aber es musste sein. Wie er damit zurechtkam, ist nicht bekannt. Dennoch schreiben viele Autoren, die sein Leben geschildert haben, dass er sich ergeben dem Willen Gottes gefügt hat.

War es so, dass du alles, was dir geschah, direkt aus Gottes Hand genommen hast – ohne Groll? Wir erfahren manchmal auch, dass uns etwas verwehrt wird, was wir gerne verwirklichen würden. Und je nach Temperament hadern wir kürzer oder länger mit dem Schicksal, das uns vielleicht sogar den Schlaf raubt. Dass uns dabei so rasch und so nachhaltig Gott in den Sinn kommt, der die Dinge zum Besten lenkt, ist nicht so sicher. Beinahe könnte man dich beneiden um deine Gelassenheit im Glauben, dass stets alles gut kommt – wie auch immer.

Vinzenz wurde also nicht Ordens-, sondern Weltpriester. Am Ostermontag, dem 15. April 1811 hat er die Tonsur erhalten: Als erstes sichtbares Zeichen hat man ihm am Hinterkopf den kleinen Kreis ins Haar geschnitten. Er galt als Zeichen der Demut und Mahnung, *damit in der Seele allezeit der Gedanke wach bleibe, stets nach dem geistigen und ewigen Reich zu trachten.* Er hatte nichts anderes im Sinn, und sein Streben auf der Zielgeraden ging zügig voran. Bereits mit 16 Jahren haben ihn die sogenannten »niederen Weihen« zum Abbate, aber noch nicht zum Priester gemacht. Doch er gehörte ab sofort zum Stand der Kleriker, deren Mitglieder im schwarzen Kleid durch die römischen Straßen schritten. *Der weiße Kragen und ein Überwurf, der sogenannte Ferraiolo, den sich Vinzenz nicht wie viele Kleriker aus Seide, sondern aus grobem Wollstoff anfertigen ließ, vervollständigten seine Kleidung. Einen Mantel hatte er nicht.* So berichtet die Chronik.

Es gehört wohl zu deinem Charakter, dass dir das allgemein Übliche oft nicht genügte. Ein bisschen mehr wolltest du tun, ein Stück radikaler gingst du vor.

Mit großer Sammlung muss er die gottesdienstlichen Rituale vollzogen haben, zeitweise offenbar so sehr in sich versunken, dass ihn der Zeremonienmeister mahnen musste: *Tue, was du tust!*

Deine Andacht in Ehren, Vinzenz Pallotti, aber die Liturgie hat ihre Ordnung. Du musst den Ablauf kennen und wissen, wann du zum Einsatz kommst.

Täglich hat er seine Lesungen und Betrachtungen gehalten – gemäß Vorschrift. Und immer am Samstagnachmittag ist er zum Katecheten-Oratorium gegangen, was für alle jungen Kleriker Pflicht war. Dort wurde der römische Katechismus erklärt und Anleitung zur Erteilung von Religionsunterricht gegeben. Das Gelernte konnte er sofort in die Tat umsetzen: An verschiedenen Kirchen Roms hat er die Kinder unterrichtet. Diese Arbeit war ihm nicht fremd. Schon früher hatte er manchmal ausgeholfen, wenn ein Seelsorger ausfiel.

In Santa Maria del Pianto übernahm er bald die Aufsicht über den Vereinsgarten.

Erntezeit! Er krempelt die Ärmel hoch und gräbt Kartoffeln aus, pflückt Bohnen und Erbsen unter dem herbstlichen Himmel. Die Jugendlichen kauern mit ihm auf dem Boden und greifen in die gewachsene Saat. »Schau mal, diese knorrige Bohne, wer hat je eine solche gesehen?« – »Und dieser Wurm, ein wahres Prachtstück, willst du ihn in die Rocktasche stecken?« – Man ist guter Dinge. Es duftet nach Majoran und wildem Thymian.

Haben sie nicht eben die Setzlinge gepflanzt, vor ein paar Wochen die feuchte Erde umgegraben? Es war Frühling, es wurde Sommer, und jetzt ist alles reif geworden. Wie schnell die Zeit vergeht! Mit vollen Körben werden sie heimkehren, abends in der Vereinsküche das Gemüse putzen, gemeinsam kochen und essen. Zugreifen werden sie und dankbar genießen, was unter der Sonne des Südens gewachsen ist! Und nach dem letzten Bissen werden sie nicht sofort aufstehen. Sie bleiben eine Weile am Tisch sitzen: Wie gut es tut, um einander zu wissen, ein offenes Ohr füreinander zu haben.

Vinzenz, du bist gerne mit jungen Menschen zusammen gewesen, hast ihre Stimmungen aufgenommen und ihre Nöte gekannt. Es war dir wichtig, die Jugendlichen von der Straße zu holen und ihnen eine Perspektive zu geben. Das war in jenen wirren Zeiten mehr als nötig, als die Burschen und Mädchen von Rom tagelang in den Gassen herumlungerten und allerhand Unfug trieben, weil sie für ihr Leben keine Zukunft sahen.

DAS ZIEL IM AUGE

Im Jahr 1814 ging Napoleons Glanzzeit zu Ende. Endlich musste der Mächtige sich beugen. Nach mehreren Niederlagen sah er sich genötigt, den verschleppten Papst freizulassen: Der von Alter und Haft geschwächte Pius VII. kehrte am 24. Mai nach Rom zurück. Vornehme junge Römer führten seinen Wagen vom Ponte Molle her durch die geschmückten Straßen bis zum Petersplatz – begleitet von jubelnden Schaulustigen. Die Menschen waren glücklich, von der Fremdherrschaft befreit zu sein.

Alles wieder gut? Der Papst hätte gern den einstigen Kirchenstaat wieder etabliert. Doch es war unmöglich, das Rad der Zeit zurückzudrehen und den alten Zustand wiederherzustellen. Immerhin konnte die Universität Sapienza neu eröffnet werden, die berühmte und älteste Hochschule Roms, die während der französischen Besatzung gänzlich umgestaltet worden war.

Dort setzte Vinzenz Pallotti seine Studien fort. Philosophie und Theologie standen auf dem Programm. Jetzt galt es, mit gezückter Feder aufmerksam den Vorlesungen der Professoren zu folgen. Damals umfasste der philosophische Kurs auch Studien über Physik und Mathematik, über Mechanik und Hydraulik. Zusätzlich wurden Vorlesungen zur römischen Geschichte und zur griechischen Sprache angeboten.

»Vinzenz, bist du klug geworden aus dem, was eben doziert wurde?« Beim Verlassen des Hörsaals hält ihn ein Mitstudent auf, weitere Kollegen schließen sich an. Auf der Treppe halten sie Ausschau nach einem geeigneten Platz, um die Vorlesung durchzusprechen.

Was lehrte Thomas von Aquin? Wie hat er – sag es uns – Substanz und Akzidenz verstanden? Die Kirchenväter – Vinzenz, kennst du sie? Was muss man in Dogmatik alles wissen?

Er muss ein Student mit hellem Kopf gewesen sein, die anfänglichen Schwierigkeiten der ersten Schuljahre gehörten längst der Vergangenheit an. Zeugnisse, die ihm an der Universität ausgestellt wurden, rühmen ihn für *die Gewandtheit im Disputieren, im Zergliedern, Erklären und Verteidigen der philosophischen und theologischen Lehrsätze.*

Ist das alles?

Spät am Nachmittag macht sich Vinzenz auf den Heimweg – mit gemischten Gefühlen. Zwar freut er sich über das erworbene Wissen und die neuen Erkenntnisse. Mittlerweile sind ihm philosophische Fragen vertraut geworden, theologische Gespräche will er nicht mehr missen, sein Leben lang wird er sie suchen. Doch der Kopf wird schwer dabei: Aufnehmen, aufnehmen – studieren und wiedergeben, als wäre der Verstand unsere einzige Kraft.

An der belebten Piazza Montanara bleibt Vinzenz stehen. Er sucht das Hospiz Santa Galla, es ist in Rom bekannt. Ein Altersheim und ein Obdachlosenasyl für Männer sind in dem stattlichen Gebäude untergebracht.

Vinzenz, das Heft mit den Vorlesungsnotizen unter dem Arm, steht an der Tür. Ob er hier mitarbeiten könne? Er habe zwischendurch freie Zeit und wolle nicht nur studieren. Der Pflegeleiter mustert ihn von oben bis unten. »Wir reden hier nicht lateinisch!«, sagt er mit abschätzigem Unterton, lässt Vinzenz aber eintreten. »Können Sie Eiter sehen, Erbrochenes riechen?«

In fünf großen Sälen stehen mehr als 200 Betten für Kranke und Alte. Aus verzweifelten Gesichtern schreit die nackte Angst – Angst vor dem Leben, Angst vor dem Tod. Dem unerfahrenen Studenten verschlägt es die Sprache. Er hat keine Worte, um das Elend zu lindern. Er lernt, mit den Händen zu helfen, verbindet Wunden und leert Nachttöpfe. Er kühlt den Fiebernden die Stirn und hilft beim Zubereiten der Mahlzeiten.

Er pflegte die Kranken – und er pflegte sein geistliches Leben.

Vinzenz Pallotti, man wird dich später einen Mystiker nennen, denn ein unbeschreibliches Verlangen muss in dir gelebt haben. Anders können wir uns deine Gottverbundenheit nicht denken, die du in den Jahren, die der Vorbereitung auf die Priesterweihe galten, noch verstärkt hast. *Bei allem, was ich sehe, lese, erkenne, höre usw., will ich mich bestreben, den Geist sofort zu Gott zu erheben*, schreibst du in dein Tagebuch. Es sollte nicht beim bloßen Vorsatz bleiben. *Das wahre Immerbewegte* hielt dich wach, du wolltest mit dem ganzen himmlischen Hof in enger Verbundenheit leben.

Dazu hat er sich einiges einfallen lassen. Er hat sich – im wahrsten Sinne des Wortes – eingebettet in die göttliche

Welt: Bevor er schlafen ging, wies er den einzelnen Teilen der Bettstatt verschiedene Heilige zu, um sich am Morgen sofort wieder an sie zu erinnern. Am Kopfende stand zum Beispiel die Mutter Maria, die er leidenschaftlich verehrte, sie bekam ohnehin einen besonderen Platz in seinem geistlichen Leben – nicht nur an seinem Bett. Kosmas und Damian schickte er zu seinen Füßen, zu seiner Linken Franz von Assisi, zur Rechten seinen Namenspatron Vinzenz von Paul. Dazwischen stellte er verschiedene Märtyrer auf, die er alle beim Namen nannte – heilige Frauen und Männer, deren Leben er gekannt und bewundert hat. In ihrem Kreis ist er eingeschlafen und am Morgen wieder erwacht. Den Heiligen galt sein erster Gedanke, mit ihnen hat er den Tag begonnen. Und am nächsten Abend hat er sie wieder zu sich gerufen, einen nach dem anderen begrüßt und willkommen geheißen. Dann aber verteilte er sie in einer andern Ordnung um sein Bett, um ja nicht in öde Gewohnheit zu verfallen, sondern sich immer wieder neu den himmlischen Gesichtern zuzuwenden.

Dazu kamen die täglichen Gebete.

In Briefen und andern Schriftstücken, die von Vinzenz Pallotti erhalten sind, lesen wir von seinem fast ununterbrochenen Beten. Dass er sich am Morgen beim Aufstehen, am Abend vor dem Schlafengehen und bei Tisch an Gott gewandt hat, können wir noch nachvollziehen. Morgen-, Abend- und Tischgebete sind auch heute noch für viele Christen eine tägliche Übung, die sie mit dem tragenden Grund ihres Lebens verbindet.

Dir jedoch hat das nicht genügt. Auf dem Weg zur Universität und beim Betreten des Hörsaals, beim Händewaschen und Schuhebinden – ständig sollst du gebetet haben. Ehrlich? Was, wenn dich vor dem Hörsaal jemand angesprochen hat: »Servus Vinzenz, auch schon wach?« Hast du dann gesagt: »Moment, ich habe mein Ave Maria noch nicht …«? Wohl kaum, denn dafür warst du zu unkompliziert, so seltsam bist du deinen Kollegen nicht begegnet. Gerne nehmen wir an, dass viele deiner Gebete unvollendet geblieben sind – angefangene Sätze, unterbrochene Gedanken. Beinahe erleichtert denken wir uns, dass du kein komischer Kauz warst, der so tat, als wäre er immer irgendwo anders – abgehoben in einer andern Welt.

Aber es ist bekannt, dass Vinzenz Pallotti sich für jeden Tag bestimmte Texte vorgenommen hat: am Montag die Bußpsalmen, am Dienstag den Kreuzweg, am Mittwoch das Totenoffizium, am Donnerstag nochmals den Kreuzweg, am Freitag den Rosenkranz und am Samstag das marianische Offizium mit acht Stundengebeten, die auf die Muttergottes bezogen waren.

Unglaublich! Hat dir nicht auch einmal die Zeit gefehlt, die Disziplin? Beinahe möchten wir es hoffen. Dass du deine Vorsätze ernst genommen hast, ist allerdings nicht zu bezweifeln.

Wie immer uns heute eine solche Frömmigkeit anmutet: Mit allen Kräften muss sich Vinzenz Pallotti versenkt haben in jene Wirklichkeit, von der vielen von uns nur noch eine Ahnung bleibt. Er hat sich radikal dem Absoluten zugewandt, das alles Wissen übersteigt – dem Unendlichen und

Grenzenlosen. Eine Sehnsucht muss in ihm gelebt haben, für die es keinen Namen gibt. Und er hat viel dafür getan, um sie zu nähren.

Wohin die Macht der Werke nicht gelangen kann, dahin muss ich die Flügel des Verlangens im Fluge dringen lassen, schreibt er auf. Und was er anstrebt, strebt er an. Halbheiten kennt er nicht.

Sag, war dir nichts auf Erden gut genug? Du wolltest ständig mehr, Vinzenz! Um deinen Gott zu suchen und zu finden, hast du kaum etwas versäumt. Du hast mit dir gerungen und gekämpft. Nur uns bleibt jene Frage, die für dich offensichtlich keine war: Ist solches Streben überspannt? Wie kann man bloß so unbeirrt nach Sternen greifen, die nicht fassbar sind?

Viele mögen den einzigartigen Mann bewundern. Als heutige Menschen, die weit hinter seiner Überzeugung zurückbleiben, müssen wir zugeben: Vinzenz hatte das Ewige im Auge, sein Glaube war so unerschütterlich wie ein Fels.

Außerdem warst du ein Kind deiner Zeit, ein Mann des Südens, Römer sogar! Ihr habt Feuer in euch, ein Herz voller Leidenschaft. Warum solltest du die Begeisterung zähmen, dein Empfinden bremsen? Wir vermuten, dass auch das Feiern und Beten in euren Familien und Kirchen glühend und lebendig war. Ihr sprecht mit Händen und Füssen, ihr lacht und weint, wenn euch danach zumute ist, und zwar nicht nur im Verborgenen. Die Freude schäumt über im großen Glück, und ihr seufzt beim Klagen. So stellen wir uns dein Stürmen und Drängen vor, das früh geweckt wurde und bis zu deinem Tod nicht zur Ruhe kam.

Am 16. Mai 1818 war für Vinzenz Pallotti das Fest seines Lebens. Er wurde – erst 23-jährig – zum Priester geweiht. Die Feierlichkeiten fanden in der Lateranbasilika statt. Vinzenz lag ausgestreckt auf dem Marmorboden des mächtigen Raumes, den Kopf in den Armen. Er muss von Freude und Dankbarkeit zutiefst bewegt gewesen sein. Nach üblichem Ritus legte ihm der damalige Erzbischof Candidus Maria Frattini die Hände auf und der Organist spielte das Tedeum mit allen Registern.

Ein paar Tage später schrieb Vinzenz seinem Freund Gaspare del Bufalo einen Brief, um seinen überwältigenden Gefühlen Ausdruck zu geben: *In seiner unendlichen und in Ewigkeit bewunderungswürdigen Barmherzigkeit hat unser liebenswürdigster Gott sich gewürdigt, mich aus dem Staube und aus dem Nichts zur erhabensten Priesterwürde zu erheben …*

Auf dem schmalen Grat zwischen Erniedrigung und Verherrlichung begegnen wir einem jungen Mann, der kaum weiß, wie ihm geschieht. Was uns schwärmerisch und überschwänglich anmutet, war für ihn die lebendige Überzeugung, dass an ihm etwas ganz Großes geschehen war. Schon am nächsten Tag feierte er in der Kirche Del Gesù in Frascati seine erste Messe, die Primiz. Natürlich waren seine Eltern und Geschwister, Verwandte, Bekannte und Freunde dabei.

Unmittelbar nachher begann eine intensive Zeit. Auf den Lorbeeren auszuruhen, wäre für Vinzenz Pallotti nicht denkbar gewesen. Zunächst schloss er seine Studien ab. Die Anforderungen dafür waren allerdings nicht so hoch wie heute.

Denn bereits nach zwei Monaten, am 15. Juli 1818, wurde ihm die Doktorwürde sowohl in Philosophie als auch in Theologie verliehen.

Wie viel lag ihm an solcher Ehre?

Nicht einmal den Eltern erzählte er davon. Erst später haben sie von anderen Leuten erfahren, wie erfolgreich ihr Sohn war.

Als endlich Ruhe einkehrte und Vinzenz entspannt hätte zurückblicken können auf die Ereignisse der letzten Monate, machte sich sein Körper bemerkbar. Die spärlichen Aufzeichnungen zu seinem Gesundheitszustand zeigen, dass ihm der Magen immer wieder zu schaffen machte.

Kein Wunder, Vinzenz, wenn du Wasser in die Suppe schüttest und am Abend nichts als Lattichblätter zu dir nimmst! Diese mögen ja gesund sein, aber dein strenges Fasten und dein unbequemes Schlafen haben dir bestimmt nicht gutgetan. Jetzt rebelliert dein Leib und fordert seine Rechte.

Darum verbrachte er im Sommer 1818 zwei Monate in den Albaner Bergen, um sich gründlich zu erholen, zuerst im kleinen, schön gelegenen Kapuzinerkloster, dann in Monte Compatri, dem uralten Bergstädtchen. Dort hat er vermutlich bei Verwandten gewohnt. Im Oktober ist er – einigermaßen wiederhergestellt – nach Rom zurückgekehrt in sein Elternhaus.

Er trägt seine spärliche Habe in den zweiten Stock und richtet sich in zwei Zimmern ein.

Hier beginnt sein lokales Handeln, sein globales Wirken.

ÜBER DIE STADT HINAUS

An der Via del Pellegrino, wo Vinzenz Pallotti fast 20 Jahre lang wohnte, sah man ihn immer seltener. Zu oft war er unterwegs. Um seinen vielfältigen Aufgaben nachzukommen, eilte er durch Straßen und Gassen – meistens zu Fuß. Nur selten soll er eine Kutsche bestellt haben – dann, wenn er aus dringenden Gründen schnell vor Ort sein wollte, wenn er zu einem Sterbenden gerufen wurde oder wenn er dringend bei einem reichen Römer vorsprechen wollte.

Den Hut soll er stets in der Hand getragen haben, um alle zu grüßen, die ihm entgegenkamen: Junge und Alte, Kinder und Frauen, Arme und Adlige. Unterschiede machte er keine.

Eines Morgens kommt ihm auf der Via dei Banchi Vecchi ein Mann entgegen, gut gekleidet, auf dem Weg zur Arbeit. Sofort erkennt er den Abbate. Das muss er sein, seine Frau hat von ihm erzählt, sie hat ihn kürzlich auf dem Marktplatz gesehen. Der Mann freut sich über die zufällige Begegnung, geht auf ihn zu und will ihm die Hand küssen – Südländer halten sich nicht zurück. Doch was spürt er an den Lippen? Keine warme Haut, sondern kühles Glas. Ein kleines Kästchen mit einem Marienbild begleitet Vinzenz überallhin, und wenn ihm jemand die Hand küssen will, was er nicht angebracht findet, zaubert er es blitzschnell aus dem Ärmel.

In seinem Quartier war Vinzenz Pallotti
unermüdlich auf den Beinen

Reliquiendöschen aus dem Besitz Vinzenz Pallottis

Der Mann lächelt, Vinzenz auch. Sie wechseln ein paar Worte. Un buon giorno!, wünschen sie sich, bevor jeder seines Weges geht.

Später wird Giacomo Salvati seinen Freund mit einem Geschenk überraschen, indem er dem Maler Cassarotti den Auftrag gibt, das abgegriffene und verblichene Marienbildchen neu zu malen. »Wenn dir deine Hand zu schade ist, Vincenzo, dann sollen die Leute wenigstens ein anständiges Bild küssen!«, wird er scherzend zu ihm sagen.

Allmählich kennen ihn die Leute in Rom. Auch die kirchlichen Behörden, mit denen Vinzenz anfänglich wenig zu tun hatte, werden auf ihn aufmerksam. Eines Tages will ihn ein Geistlicher besuchen, der am päpstlichen Schatzamt angestellt war. Schon dreimal kam er vorbei, aber Vinzenz war nie daheim. Dio mio! Was ist los mit Don Vincenzo? Einmal muss er doch zu Hause sein! Wann betet er sein Brevier? Ständige Betriebsamkeit ziemt sich nicht, auch Besinnung gehört zum geistlichen Leben! – Bevor der Hochwürdige ein viertes Mal aufbricht, meldet er sich an. Doch als er vor der Tür steht, ist Vinzenz Pallotti wieder nicht da. »Welche Frechheit, mich so stehenzulassen! Wo treibt er sich herum, ohne Bescheid zu sagen?« Der Mann wird wütend und schreibt einen Brief, in dem er seinen Mitbruder darauf aufmerksam macht, dass *Beten und Singen von frommen Liedern wohl gut und schön, Gehorsam und Nächstenliebe aber noch wichtiger* seien.

Ob Vinzenz gerade zum Beten und Singen, zum Predigen oder Unterrichten unterwegs war, wissen wir nicht. Er wird später den aufgebrachten Geistlichen irgendwie beschwichtigt haben. Man kann sich aber gut vorstellen, dass dem Vielbeschäftigten die Termine allmählich über den Kopf wuchsen.

Trotzdem kamen weitere dazu: Im Alter von knapp 32 Jahren wurde Vinzenz Pallotti zum Spiritual des römischen Priesterseminars ernannt. Eine anspruchsvolle Aufgabe wartete auf ihn. Alle Erfahrungen, die er als Repetitor an der Sapienza und als Leiter von Jugendgruppen gemacht hatte, kamen ihm dabei zugute. Im Jahr 1835 wurde ihm zusätzlich die geistliche Leitung des damaligen Propaganda-Kollegs anvertraut. Dort hatte er rund 100 Missionare und Studenten aus den Missionsgebieten zu betreuen. Dem kleinen Mann aus den engen Gassen der Altstadt wehte plötzlich ein Hauch der weiten Welt entgegen! Nun wurde Vinzenz Pallotti, der Zeit seines Lebens nie weiter als bis Loreto reiste, mit ganz neuen Fragen konfrontiert. Interessiert wird er zugehört haben, wenn Südamerikaner, Afrikaner und Inder aus ihrer Heimat erzählten. Er muss im Kontakt mit ihnen so etwas wie ein Gespür für Internationalität entwickelt haben. Das Altarbild der dortigen Kirche mit der Anbetung der Weisen aus dem Morgenland mag er in dieser Gesinnung verinnerlicht haben: Die volkstümlichen heiligen drei Könige unterschiedlichen Alters kommen jeder aus einem anderen Erdteil und legen einen langen Weg zurück, bis sie am gemeinsamen Ziel ankommen.

Vinzenz Pallotti wurde mehr und mehr bekannt – über die Grenzen der Stadt hinaus. Auch im Ausland hörte man von ihm. Die Leute kamen, um mit ihm zu sprechen und bei ihm Rat zu holen. Viele beichteten bei ihm. Denn Beichten war ja damals üblich und selbstverständlich. Man bekannte seine Fehler, bereute sie und bekam Vergebung. Der damit verbundene Zuspruch des Priesters war den Gläubigen viel wert.

Noch im gleichen Jahr richtete sich Vinzenz im Anbau der Kirche Spirito Santo ein kleines Zimmer ein, um die Leute zu empfangen. Paul de Geslin, der aus Frankreich anreiste, hinterließ folgenden Bericht: *Ich brauchte nicht lange zu suchen, denn ich glaube nicht, dass es in Rom irgendjemand gab, der nicht seinen Namen und seine Wohnung wusste. Seine Wohnung war ebenso bekannt wie die des Papstes, obwohl sie dieser an Pracht weit nachstand (...). Als ich ankam, erblickte ich vor dem zweistöckigen, sehr einfachen Hause den Wagen des Kardinals. Er gehörte keinem Geringeren als dem Kardinal Lambruschini, dem Staatssekretär Gregors XVI.* Nachdem Paul de Geslin an der Tür geläutet hatte, wurde er in ein geräumiges Zimmer geführt. *Rundum standen Bänke*, berichtet er weiter, *(...) ringsum saßen etwa zwanzig arme Leute. Verschiedene waren in Lumpen gekleidet und von einer zweifelhaften Sauberkeit.* Mitten unter ihnen saß der Kardinal und wartete, bis er an die Reihe kam. *Ich setzte mich in eine Ecke und machte es wie er: Ich ließ die andern vor und betrachtete ein Schauspiel, wie ich es bisher noch niemals beobachten konnte. Endlich kam die Reihe an mich. Ich betrat das Zimmerchen ...*

Und dann muss Paul de Geslin, der später ein wichtiger Gefährte von Vinzenz Pallotti wurde, sein Gegenüber ganz genau beobachtet haben. Jedenfalls hat er von ihm eine einfühlsame Beschreibung hinterlassen: *Er war sehr klein, ein wenig gebückt. Lebhaft in seinen Bewegungen, aber nicht hastig. Jede Geste schien zu sagen, dass er das Leben sehr kurz finde und daher keine Zeit zu verlieren hätte. Die Haare fingen an, grau zu werden. Der vordere Teil des Kopfes war vollständig kahl und zeigte eine schöne, hohe Stirn, die weiß war wie Elfenbein. Die Gesichtszüge waren fein und regelmäßig, die dunklen Augen ausdrucksvoll; es sprach aus ihnen eine große Herzensgüte.*

Die Verantwortung wuchs weiter. Und einmal mehr sein Pensum – sempre più!

Neben Jugendarbeit und Gefangenenseelsorge, Sterbebegleitung und Armenfürsorge rief Vinzenz Pallotti Handwerkerverbände und Berufsschulen ins Leben. Hand in Hand mit Frauen und Männern stand er pausenlos im Einsatz. Und regelmäßig hat er Liturgie gefeiert, Gespräche geführt, Kardinäle beraten und Adlige besucht, bei denen er immer mehr an Ansehen gewonnen hat.

Du warst ein Allrounder erster Güte, ein Manager in unseren Augen – ein nimmermüder Macher, der alle Ideen, die ihm nützlich erschienen, sofort umsetzte. Ein Büchlein für Maiandachten? Wird sofort geschrieben, gedruckt und verteilt! Und ein paar Gebetszettel dazu? Kein Problem, du sorgst dafür.

Vinzenz, wie hast du alles bewältigt? Wenn wir uns zudem noch vorstellen, dass du gleichzeitig dein aufwändiges Gebetsleben weitergepflegt hast, wissen wir wirklich nicht, wie du alles geschafft hast. War dein Tag mehr als 24 Stunden lang?

Die Zeit ist kostbar, kurz und unersetzlich, hast du ins Tagebuch notiert.

Vinzenz Pallotti mit dem Reliquienkästchen in der Hand

QUERSCHLÄGE

Wer ständig hohe Hürden nimmt, muss irgendwann stolpern.

Eine solche Erfahrung machte Vinzenz Pallotti im Jahr 1835 an der neapolitanischen Nationalkirche. Das einst prachtvolle Gebäude aus der Renaissance steht an der Via Giulia, die früher als Prunkstraße galt und aus seinem Heimatquartier direkt zum Vatikan führt, Spirito Santo dei Napoletani. Diese Kirche stand damals in üblem Ruf. Äußerlich war sie seit Langem verwahrlost und wurde von den Zeitgenossen eine *schmutzige Höhle* genannt. Die neapolitanischen Geistlichen, denen sie anvertraut war, kümmerten sich wenig darum. Sie müssen ein ausgelassenes Leben geführt haben, das vielen Römern missfiel.

»Diese nichtsnutzigen Schwarzröcke lassen ihr Gotteshaus vergammeln! Eine Schande!« – Die Frauen auf dem Marktplatz stecken die Köpfe zusammen. »Der Boden ist voller Schmutz, er hat wohl lange keinen Besen gesehen!« – »Das ginge ja noch, aber die angetrockneten Kerzentropfen auf den Stufen – niemand kratzt sie weg. Die vergilbten Altartücher – kümmert sich keiner darum?« Die rotwangige Bäuerin stellt den Eierkorb ab und hält sich die Nase zu. »… und es riecht, als würden die Tauben in der Kirche nisten! Mamma mia! Kein Wunder, dass niemand mehr hingeht.«

Man schimpfte laut, man war empört.

Wer könnte den Missstand beheben?

Die neapolitanische Gesandtschaft ersuchte Vinzenz Pallotti, die Leitung ihrer Nationalkirche zu übernehmen, um die desolaten Zustände zu verbessern. Doch könne dafür kein Gehalt bezahlt werden.

Vinzenz, was meinst du?

Zwei Seelsorgestellen, die dir Ruhm und Ehre verschafft hätten, lehntest du bisher ab. Diese dritte nahmst du an. Sie war keineswegs prestigeträchtig – ganz im Gegenteil. Hast du gerade deswegen zugesagt?

Vielleicht dachte Vinzenz Pallotti auch daran, dass für seine neu gegründete Gesellschaft bald größere Räumlichkeiten nötig werden würden. Bisher hatten sich die wenigen Verbündeten immer bei ihm daheim im Elternhaus getroffen. Aber wenn das Werk wächst? Spirito Santo mit dem geräumigen Anbau könnte den nötigen Platz bieten.

Wie auch immer: Vinzenz zögerte nicht. Als Erstes ließ er die Kirche säubern. Viel Staub hatte sich auf Statuen und Altären angesammelt. Die Madonna erhielt ein neues Kleid, in der Sakristei entrümpelte man die verlotterten Schränke. Müll und Unrat wurden abgeführt, neue liturgische Gewänder und frische Kirchenwäsche angeschafft. Dann galt es, Gottesdienste anzubieten und die Leute einzuladen. An den Hauswänden wurden Plakate aufgehängt, auf den Marktplätzen Handzettel verteilt. Und siehe da: Spirito Santo wurde zu einem lebendigen Treffpunkt – schon nach kurzer Zeit. Nicht nur das einfache Volk strömte herbei, auch römische Adlige und kirchliche Würdenträger kamen zu den liturgischen Feiern.

Vinzenz hätte sich freuen können.

Seine fünf neapolitanischen Mitarbeiter allerdings freuten sich nicht. »Was macht er nicht alles, um die Leute zu locken? Die vielen Messen! Wer unbedingt will, kann doch woanders hingehen, in Rom gibt es Kirchen genug!«

Die Mitbrüder ballten die Fäuste in der Tasche: »Was hat uns der Römer zu sagen?«

Verletzter Nationalstolz blitzte auf. Sein Eifer ging auf die Nerven.

Heimlich fangen sie an, ihm Steine in den Weg zu legen. Sie entfernen den Messwein oder sorgen dafür, dass nur die kleinsten Kerzenstummel auf dem Altar brennen, damit sie während des Gottesdienstes verlöschen. Sie verstecken den Tabernakelschlüssel oder legen für Vinzenz verschmutzte Kirchenwäsche bereit.

Es kam vor, dass unmittelbar vor dem Gottesdienst etwas fehlte, sodass er nicht pünktlich beginnen konnte. Die Männer im Kirchenschiff zückten die Taschenuhren, die Frauen räusperten sich und schauten sich um. Wo bleibt Don Vincenzo, was macht er so lang? Niemand wusste von den Schikanen. Allmählich kamen sie aber doch an den Tag.

»Habt ihr den Neapolitaner gesehen, wie er grinsend davonlief, als ihn Don Vincenzo zur Rede stellte?«, fragt ein Mann draußen auf dem Platz, wo die Leute nach dem Gottesdienst beisammenstehen. »Ich habe seine schnippische Antwort gehört, als ich um die Ecke kam«, sagt eine elegant gekleidete Frau, während sie unter dem mittäglichen Himmel den Sonnenschirm aufspannt. »Er ist Don Vincenzo regelrecht übers Maul gefahren – der Priester dem Priester! Es steht schlecht zwischen den geistlichen Brüdern, ein Herz und eine Seele sind sie jedenfalls nicht!«

»Er übertreibt aber auch!«, sagt jetzt eine andere, »alles, was Recht ist!« – »Wer übertreibt?« – »Don Vincenzo! Seine Frömmigkeit mag ja echt sein, aber wie er bei der Wandlung die Hostie hochhält, das ist nicht zum Aushalten. Es dauert eine Ewigkeit! Dasselbe mit dem Kelch! Es ist, als würde er ihn nicht mehr vom Himmel herunterbringen.« – »Und dann betet er vier Mal ›Herr, ich bin nicht würdig …‹ Seine Messe dauert bald doppelt so lang wie eine der Neapolitaner.«

Die Leute sind erzürnt. Sie schimpfen laut, erzählen sich unglaubliche Geschichten. Einer meint sogar, Don Vincenzo würde bei reichen Sterbenden die Erbschaft erschleichen. »Da haben wir's! Er schmeichelt sich in den Fürstenhäusern ein, macht Krankenbesuche bei Gutbetuchten! Tatsächlich, er ist klug, weiß bestens, wo es etwas zu holen gibt.«

Die Lage an der neapolitanischen Nationalkirche spitzte sich zu: Die Priester verlangten von ihrem Vorgesetzten, dass er die *überflüssigen Andachten* abschaffe, um weniger Paramente zu verbrauchen. Weiter erlaubten sie sich, die Kirche bereits am frühen Abend zu schließen, angeblich um sie zu schonen. Am liebsten hätten die neapolitanischen Priester ihren Chef zum Teufel gejagt.

Zwei Jahre nachdem Vinzenz in Spirito Santo zu wirken begonnen hatte, starb sein Vater – am 15. September 1837. Erst jetzt zog Vinzenz Pallotti aus dem Elternhaus fort, nur wenige hundert Meter weit, in den Anbau der neapolitanischen Kirche.

Wie hat Vinzenz Pallotti auf die Gaunereien seiner Mitbrüder reagiert – beleidigt, heroisch, gelassen?

Autoren des letzten Jahrhunderts, die sein Leben beschrieben, loben seine Demut. Er habe alle Kränkungen tapfer ertragen, ohne sich zu wehren. Er habe sogar Gott dafür gedankt, dass er ihn dadurch am Leiden seines Sohnes teilhaben lasse.

Wir sind empört. Eine solche Leidensmystik ist uns nicht nur fremd geworden, sie ist uns regelrecht zuwider. Wie kann man so furchtbar unterwürfig sein? Es gibt Haltungen, die einem mündigen Christen besser anstehen.

Stell dir vor, Vinzenz, du hättest mit deinen Mitbrüdern das Gespräch gesucht! Dann hätten sie Gelegenheit gehabt, ihren Missmut zu äußern. Denn einfach war es ja nicht für sie, deine einschneidenden Veränderungen gutzuheißen – und das in ihrer Nationalkirche! Du hast den Männern einiges zugemutet, das musst du zugeben.

Und dennoch: Wie respektlos wurdest du behandelt! Das darf man sich nicht bieten lassen. Wenn sie dich weiterhin geärgert hätten, wärst du vielleicht mutig vor sie getreten, um ihnen die Stirn zu bieten: So nicht! Klar und trotzdem fair hättest du gesprochen, um ihrem bösen Spiel ein Ende zu setzen.

Im Wirtshaus am Ponte Sisto schlägt ein Schreinermeister die Faust auf den Tisch. »Was will er eigentlich, dieser Don Vincenzo? Eine *Gesellschaft des Katholischen Apostolates* oder wie er das nennt! Wozu der neue Verein? Wir sind einfache Leute, Extravagantes brauchen wir nicht!« Die Männer in der Runde stimmen ihm zu. Im Qualm der rauchenden Zigarren lassen sie ihrem Unmut freien Lauf. »Mir ist ein Anmeldezettel ins Haus geflattert – und sofort im Papierkorb gelandet. Weg mit dem Zeug!« Der Bäcker, der so redet, hat einen anstrengenden Tag hinter sich. Frühmorgens ist er aufgestanden, um Teig zu kneten und Brote zu backen. »Wir wissen, was wir zu tun haben, uns muss keiner belehren!« – »Er belehrt aber nicht«, sagt jetzt ein Geselle, hinten am Stammtisch. »Er will, dass wir zusammenhalten, damit es besser wird!« – »Was wird besser? Die Reichen noch reicher, die Armen noch ärmer? Wir schuften uns zu Tode, uns hilft ja keiner. Froh müssen wir sein, wenn wir das Nötigste kriegen, um unseren Kindern die Mäuler zu stopfen.« – »Es soll aber allen gut gehen, auch denen, die da draußen hocken in ihren Lumpen und sich die Füße abfrieren.« – Die Männer schweigen. Sie wissen nur zu gut, dass in Rom die Kluft zwischen Begüterten und Bedürftigen in den letzten Jahren immer größer geworden ist. »Es soll nicht bloß jeder für sich schauen, meint Don Vincenzo. Das ist seine Idee.« – »Seine Idee? Die Idee ist gut, aber …« – »Aber? Zupacken sollen wir, meint er, jeder an seinem Platz, du in der Backstube und ich in der Werkstatt und unsere Frauen im Haus! Auch die Kinder müssen etwas tun, selbst die Alten sind gefragt.«

»Irgend so etwas gibt es schon«, weiß einer der Männer, »den *Lyoner Verein zur Verbreitung des Glaubens.*«

Die Behauptung war nicht aus der Luft gegriffen. Der Verein war in Frankreich gegründet worden, der Zentralrat tagte in

Im Garten des Klosters in Camaldoli

Lyon und wünschte sich, seinen Sitz nach Rom zu verlegen. In die Ewige Stadt! Dort würden ihm Glanz und Ehre beschieden sein, so sagte man sich und zögerte nicht, dafür den Segen des Papstes zu beantragen. Mit Erfolg: Gregor XVI. kam dem Gesuch nach und beauftragte Anfang 1837 Monsignore Mai damit, das Werk in Rom einzurichten.

Vinzenz, hat es dir nicht in den Ohren geläutet? Natürlich hast du davon gehört. Und was gedacht? Jedenfalls wissen wir, dass du mit den Zuständigen ins Gespräch gekommen bist. Dir wäre es am liebsten gewesen, den Lyoner Verein unter deine Obhut zu nehmen, ihn einzufügen in dein Werk. Doch der Zentralrat des Vereins sträubte sich dagegen. Seine Mitglieder sahen es genau umgekehrt: Dein Werk sollte in ihres eingehen – so würde ihr Verein durch den beträchtlichen Zuwachs gestärkt. Sie unterbreiteten ihre Idee dem Papst – und erhielten seine Zustimmung.

In der Pfarrwohnung von San Crisogono tagt der *Römische Rat der Glaubensverbreitung*. Vinzenz – mittendrin in der erlauchten Runde – blickt auf. Hat nicht jemand an die Tür geklopft? Monsignore Cadolini tritt ein und überreicht ihm einen Brief. Vinzenz ahnt nichts Gutes. Alle Blicke sind auf ihn gerichtet, während er das Schriftstück aus dem Umschlag nimmt. *Wie sehr auch (...) der Papst, den Eifer empfiehlt (...)*, er kann der Gesellschaft von Vinzenz Pallotti keinen Sinn mehr geben. Sie ist durch die neue Vereinigung, die in Rom ansässig geworden ist, *völlig zwecklos und überflüssig geworden. (...) Die dem sogenannten Apostolat angehörenden Gläubigen, deren Verband durch höchsten Befehl aufgelöst ist*, mögen sich dem Lyoner Verein anschließen. *Dieser Verein ist schon mit der erforderlichen Genehmigung in Rom errichtet, wird vom Papst ermutigt und begünstigt, ist mit großen Privilegien (…) bereichert (…), gutgeheißen und gefördert (…).* Er wird allen, *die an dem großen Werke der Glaubensverbreitung teilnehmen wollen, ein sehr weites Arbeitsfeld bieten.*

Vinzenz lässt die Hände sinken. Ohne ein Wort zu sagen, faltet er das Papier zusammen und steckt es in die Rocktasche.

Die Sitzung wird fortgesetzt.

In den folgenden Tagen wird sich Vinzenz hinsetzen und um Formulierungen ringen. Unter dem Titel *Darlegung einiger Tatsachen und Erwägungen* beschreibt er in einem längeren Text den Zweck seiner Vereinigung, der nicht nur darin besteht, Geld für gute Werke zu sammeln, wie es der Lyoner Verein tue. Sein Verband sei *ausgedehnter und umfassender im Ziel, das er sich stellt, und in den mannigfaltigen Mitteln, die er zu dessen Erreichung anwendet.* Die Menschen würden Hand anlegen, wo sie nur könnten, jeder an seinem Platz. Das Gute werde verwirklicht, allein mit Geldspenden sei es nicht getan.

Die Freunde von Vinzenz sind besorgt. »Bleich ist er geworden, seine Gesundheit ist angeschlagen.« – »Er nimmt alles auf sich«, munkeln die einen. »Er arbeitet zu viel«, sagen die andern, »wir können nicht zusehen, wie er sich ruiniert.«

WOHER DIE KRAFT?

Aus der Stille einer Oase zwischen altem Gemäuer aus dem 17. Jahrhundert, wo ein Tag dem andern gleicht.

Bevor die Vogelstimmen erwachen, weckt eine helle Glocke die Mönche aus dem Schlaf. Sie schlüpfen aus ihren Einsiedeleien und schreiten in langen, weißen Gewändern durch die Klosterkirche. Ihre Schritte verhallen im Raum, man hört das dumpfe Knacken der geschnitzten Chorstühle. – Jeder hat seinen Platz. Gesenkten Hauptes stehen sie Bart an Bart, fangen zu singen an. Lateinische Psalmen, das tägliche Lob.

Mehr als einmal hat sich Vinzenz Pallotti an diesen Kraftort zurückgezogen: In Camaldoli oberhalb von Frascati konnte er den Alltag hinter sich lassen und sich von den Strapazen seines bewegten Lebens erholen. Im vertrauten Zimmer, das ihm die freundlichen Eremiten ständig zur Verfügung hielten, legte er seine Bürde ab, um neue Kraft zu schöpfen. Doch ganz umsonst konnte er auch hier nicht absteigen: Die Mönche baten ihn gelegentlich um einen Vortrag. Solchen Wünschen kam er gern entgegen. Ansprachen an diese andächtigen Männer waren für ihn kaum mit großem Aufwand verbunden, er konnte aus dem Vollen schöpfen. Jedenfalls sprach er von *kostbaren Geschenken des Paradieses*, wenn er den Kamaldulensern eine Rede hielt und ihre dankbaren Gesichter vor sich sah.

Im Sommer 1839 sah sich Vinzenz gezwungen, für längere Zeit die Arbeit aus der Hand zu legen. Er hatte keine Wahl, er brach zusammen. Tuberkulose würde man heute diagnostizieren, von einem Blutsturz sprach man damals.

Du hast deine Kräfte überschätzt, Vinzenz! Warum hast du sie nicht klüger eingeteilt? Wie viele Frauen haben mit dir zusammengearbeitet, um Hungernde zu sättigen, Kinder zu versorgen und Kranke zu pflegen! Sie haben keine Namen wie die hochkarätigen Männer in deinem Arbeitskreis: Monsignore Antonio Santelli, die Professoren Allemand und Alkuschi, die Vizerektoren Tomaso Borti und Raffaello Melia. Dennoch haben sie als treue Gefährtinnen Hilfe geleistet, wo es nötig war, genauso wie Pietro Romani, der tüchtige Mitarbeiter in Ponte Rotto, und Giacomo Salvati, der Freund an deiner Seite.

Längst waren Menschen da, die mit dir Not gelindert haben. Hast du trotzdem gemeint, alles selbst machen zu müssen?

Jetzt kann er sich kaum mehr auf den Beinen halten, packt sein Bündel und bestellt den Kutscher. In gemütlichem Galopp wird er stadtauswärts getragen, auf Kissen gebettet, um seine mageren Knochen zu schonen. Der Wagen holpert über das Pflaster, Häuser verschwinden hinter seinem Rücken. Die Stimmen der Menschen, die immer irgendetwas von ihm wollen, verstummen im Hintergrund. Und er, von der Fahrt geschüttelt, ist ständig darauf bedacht, sich im Sitz aufrecht zu halten. Trotzdem bittet er den Kutscher anzuhalten, bevor der Weg zum Kloster von der Hauptstraße abzweigt.

Das Stück bis oben will er zu Fuß gehen, meint er entschlossen, bezahlt für die Fahrt und verabschiedet sich mit bestem Dank. Das Gepäck auf den Schultern macht er sich auf, mit kleinen Schritten, die sein geschwächter Körper nur mit Anstrengung zurückzulegen vermag. Unterdessen ist es kühler geworden, die Hitze des Tages hat sich verflüchtigt. Wolken ziehen auf, ein frischer Abendwind weht ihm entgegen. Der Duft von Lindenblüten liegt in der Luft.

Hast du die stattlichen Bäume schon einmal beachtet? Alte Linden, links und rechts am Weg, wie sie vor hohen Mauern Wurzeln schlagen, jeden Sommer Blüten treiben und ihre Zweige in den Himmel strecken. Hoch oben wachsen ihre Kronen ineinander, ein schützendes Dach über der Straße, die bis zur Pforte führt.

Hier kommst du an – vor einer hohen Bretterwand. Durch die Ritzen pfeift der Wind.

Ein Türgriff fehlt, ein Riegel auch.

Kein Zutritt von außen.

Tirare forte. – Die Inschrift am verwitterten Schild ist gerade noch zu lesen.

Vinzenz stellt das Bündel ab und zieht den kreuzförmigen Glockenzug.

Es dauert.

Si prega di aspettare alcuni minuti prima di suonare una seconda volta.

Nicht nötig, er wird vorher eingelassen – und bleibt länger als gedacht: Über ein Vierteljahr wird ihn diesmal das stille Kloster beherbergen, ihm den Rücken stärken, die Seele neu auftanken.

Ruhe ist angesagt.

Vinzenz bezieht sein Zimmer – ein Bett, ein Stuhl, ein Fenster mit breitem Sims, der als Schreibtisch nutzbar ist. Schon bald wird er hier einen Arbeitsplatz einrichten, zunächst aber sich einfach nur hinsetzen. Er denkt an den Lyoner Verein, an das flaue Gefühl im Magen, als ihn die Hiobsbotschaft erreichte. Alles schien verloren, aufgelöst in Luft. Kurze Zeit später wurde er zum Papst gerufen, der ihm auch noch persönlich mitteilte, dass seine Vereinigung überflüssig geworden sei.

Zum Glück ging er an jenem 30. Juli 1838 nicht mit leeren Händen zur Audienz. Vor seinen Augen las Gregor XVI. die *Tatsachen und Erwägungen*, die er niedergeschrieben hatte, mit großer Aufmerksamkeit. Wie gut, so viel Mühe für das Schriftstück verwendet zu haben! Es hatte sich gelohnt, die durchdachte Strategie, stichhaltige Argumente und überzeugende Zusammenhänge auf Papier zu bringen. Auch eine Liste von bisherigen Leistungen und ein Verzeichnis der Urkunden, aus denen die erhaltenen Genehmigungen ersichtlich waren, brachte Vinzenz mit, und der Papst nahm alle Informationen interessiert zur Kenntnis.

Dann lehnte er sich zurück, schaute ihm offen ins Gesicht und sagte mit leiser, aber deutlicher Stimme: *Das alles haben wir nicht gewusst.*

Als Vinzenz den Vatikan verließ, atmete er auf. Mit schnellen Schritten überquerte er den Petersplatz, dankbar und erleichtert. Die Erlaubnis, sein Werk weiterzuführen, war ihm zugesichert.

Trotzdem war noch vieles unklar.

Hier in Camaldoli wird Vinzenz bald damit beginnen, mit sorgfältigen Schriftzügen Blatt um Blatt zu füllen, denn er gibt zu: *Noch waren das Wesen, die Werke und der Zweck der Gesellschaft nicht erschöpfend schriftlich dargelegt. Ich muss bekennen, dass ich dies nie getan habe wegen meiner ungeregelten Lebensweise …*

Als würdest du in unserer Zeit leben! Wie oft kommen wir nicht dazu, über Grundsätzliches nachzudenken und es auch für Außenstehende verständlich zu machen. Gut können wir nachfühlen, was du empfunden hast: Die Tage vergehen wie im Flug und wieder hast du nicht getan, was du schon lange tun wolltest. Auch wir schieben Verpflichtungen vor uns her, weitere holen uns ein. Wir mühen uns ab, leben im Dauerstress und schaffen es nicht, alles Notwendige zu vollbringen. Und weiter dreht sich das Karussell. Es kann uns krank machen, wenn wir es nicht rechtzeitig stoppen. Eines Tages müssen wir aussteigen aus dem Hamsterrad, es geht nicht so weiter. Niemand kann immer nur leisten, ohne Pause funktionieren. Irgendwann sind die Batterien leer, und es wird höchste Zeit, sich zu erholen – zu holen, was auf der Strecke blieb: Ruhe, Muße, Kraft.

Und manchmal fangen wir viel zu früh wieder an, uns abzumühen. Wir wenden uns erneut der Arbeit zu, denn aufgeschoben ist nicht aufgehoben. Längst Fälliges ist endlich unter Dach und Fach zu bringen. – Vinzenz, du bist nicht besser als wir: Statt die Seele baumeln zu lassen, setzt du dich schon wieder hin, um Pflichten zu erfüllen, die du dir aufgebürdet hast.

Endlich wird er die Grundsätze für seine Gesellschaft niederschreiben, nachdem sie längst schon lebt und wirkt.

EIN EINFACHES KONZEPT

Camaldoli – wie wohlklingend der Name, wie traumhaft der Ort!

Vinzenz schlendert über die ausgetretenen Wege des Klostergartens, zieht den würzigen Duft der Kräuter genüsslich in die Nase. Unter seinen Füßen knirschen die Kieselsteine – er hat Zeit.

Was war vor vier Jahren, an jenem denkwürdigen Tag? Vinzenz versucht, sich zu erinnern, sammelt in seinem Kopf die Gedanken zusammen. Ihm war schon lange vorher klar gewesen, dass er Menschen brauchte – viele Menschen für große Pläne. Sich selbst hat er immer nur als kleinen Mann auf großem Feld gesehen, und seine Taten schienen ihm nicht mehr zu sein als Tropfen auf dem heißen Stein. An jenem 9. Januar 1835 war er bei den Karmelitinnen von Regina Coeli zu Gast, feierte die Messe und setzte sich noch eine Weile hin, legte die Hände ineinander, dankte aus ganzem Herzen – und horchte plötzlich auf. Jetzt oder nie! Wozu noch lange warten? Vinzenz Pallotti war damals 40 Jahre alt und sein Entschluss stand fest: Er will sich mit andern zusammenschließen, *um für die unvorstellbaren Bedürfnisse der Welt Sorge zu tragen.*

Man muss die Kräfte bündeln, sonst zersplittern sie.

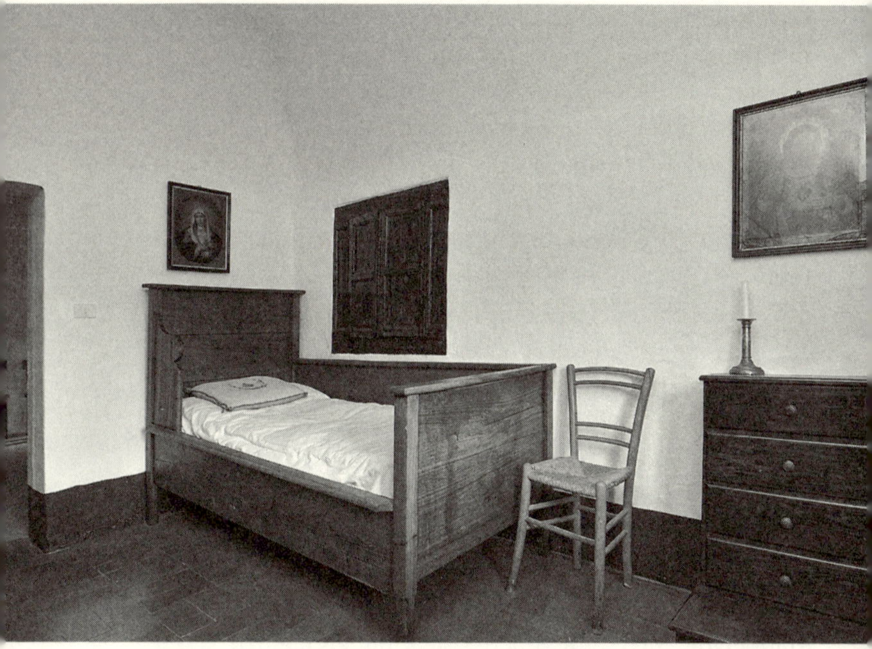

Vinzenz Pallottis Zimmer in Camaldoli

Es war aber nicht seine Absicht, einen Verein aktiver Leute ins Leben zu rufen, die rastlos tätig sind, wenn möglich heldenhaft. Mitglieder seines Werkes mussten weder Neues erfinden noch Besonderes leisten. Alle sollten die Möglichkeit haben, ihren Teil beizutragen, und zwar mit jeder Tat und jedem Wort, mit jedem Fingerzeig und Atemzug: Wer Kinder erzieht oder Straßen kehrt, wer Bücher schreibt oder Suppe rührt. Das Lachen zählt und das Weinen, die Klage und der Trost. Nur das Band der Gesinnung hält alle zusammen.

Zurückgekehrt in sein Zimmer setzt sich Vinzenz ans Fenster und schreibt endlich auf, was ihm seit jenem Tag am Herzen liegt: Niemand soll sich durch besondere Verpflichtungen gebunden fühlen, *sondern nur im Geiste des Eifers und der Liebe mit allen zu Gebote stehenden Mitteln* sein Bestes geben.

Das wäre?

An erster Stelle steht die aktive Mitarbeit. Frauen und Männer, die ihre Ärmel hochkrempeln, nennt Vinzenz Pallotti *operai* – sie übernehmen Aufgaben. Sie brauchen aber auch jene, die sie geistig unterstützen – mitdenkend und mittragend. Ihr Beitrag ist besonders wichtig, denn er trägt und stärkt. Schließlich sind Leute gefragt, die finanzielle Mittel zur Verfügung stellen. Ohne Geld läuft gar nichts! Wer wirtschaftlich in der Lage ist, einen Teil des Einkommens abzuzweigen, gehört dazu.

So einfach ist sein Plan, überzeugend bis auf den heutigen Tag. Was braucht es mehr, um Gutes auf den Weg zu bringen und zum Ziel zu führen? Anpackende, Mitdenkende und Bezahlende – die drei tragenden Säulen für jedes Vorhaben, das gelingen soll.

Wer will und kann, soll sich mehrfach engagieren. Vinzenz Pallotti sah es so. Und wir nicht anders. Auch die Fragen, die zu beantworten sind, haben sich nicht geändert: Kann ich mitarbeiten? Was ist zu tun? Will ich durch Gedanken und Gebete unterstützen, was entstehen soll? Oder kann ich materiell etwas beisteuern?

Das Konzept ist schlank und rank. Es leuchtet ein – nach wie vor.

Auf keinen Fall wollte Vinzenz Pallotti sein Werk mit Gesetzen blockieren. Außer ein paar nützlichen Richtlinien sollte nichts Festgeschriebenes die Menschen bremsen, keine Einschränkung ihre Ideen ersticken. Um größtmöglicher Freiheit Raum zu schaffen, hat er auch keinen Orden gegründet, nur kleine Wohngruppen gebildet, um dem Werk einen tragenden Kern zu geben. Eine solche Gemeinschaft gab es ja bereits: Ein paar Freunde hatten sich zusammengeschlossen und in den Räumlichkeiten von Spirito Santo eingerichtet.

Allerdings war *die kleine Herde* alles andere als eine gefestigte Gemeinschaft: Der eine kam, der andere ging. Giuseppe Marinoni litt unter *Ängstlichkeit*, die ihn immer mehr lähmte, er musste die Gruppe verlassen. Die Anforderung, *fähig zu sein, die Hand ans Werk zu legen*, war zu hoch für ihn. Auch Michele Cerroni und andere zogen nach kurzer Zeit wieder aus. Vinzenz hielt sie nicht zurück. Wer nicht mitmachen kann oder will, den lässt er ziehen, wenn auch mit Bedauern. Nach und nach schließen sich neue Mitglieder an, die mit Raffaello Melia, der von den früheren Gefährten allein übrig blieb, den ersten Grundstock der Gemeinschaft bilden.

Das Fensterbrett diente Vinzenz Pallotti als Schreibtisch.

Ignatio Auconi stößt dazu – er wird später der Gesellschaft vorstehen. Andrea Mogliazzi tritt ein – und bald wieder aus. Francesco Vaccari, der aus einer wohlhabenden Familie Süditaliens stammte, hörte von Vinzenz Pallotti und wollte ihn unbedingt sprechen, ihm seine Absicht unterbreiten, eine kirchliche Karriere anzustreben.

»Sie wollen wirklich Prälat werden?« Vinzenz Pallotti mustert ihn mit kritischem Blick. »Da oben wird die Luft dünn – auch in der Kirche Gottes. Ich würde mir die Entscheidung gut überlegen.«

Francesco Vaccari ist perplex. Ungern verzichtet er auf die Ehren dieser Welt. Später wird er von dieser Unterredung Bilanz ziehen und sagen: *Ein Blick, ein Lächeln und jenes: »Und dann?« … genügten, um mich von der Idee einer Prälatur abzubringen*. Stattdessen zog er in Spirito Santo ein, wo auf der niedrigsten Hierarchiestufe nur praktische Seelsorge gefragt war. Francesco Vaccari setzte sich ein, mit ganzer Kraft, und wurde nach Vinzenz Pallottis Tod zum ersten Vorsteher der Gesellschaft ernannt.

Es klingt nicht schlecht, Vinzenz, was du begonnen hast – und trotzdem war der Anfang brüchig. Wer Freiheit wittert, lebt sie aus. Man kommt und zögert, schaut sich fragend um, versucht, sich einzuleben. Und mancher packte kurz darauf sein Bündel: Nein, doch lieber nicht!

Dennoch gibt es sie bis heute, diese *Societas Apostolatus Catholici* (SAC) – volkstümlich *Pallottiner* genannt – als Kerngruppen in fast allen Teilen der Welt.

VERNETZT MIT VIELEN

Die Leiterin der Pia Casa schlägt die Hände über dem Kopf zusammen. Schon wieder steht eine Schar Mädchen vor der Tür, angeführt von Giacomo Salvati: »Prego, Signora Cozzoli, guarda queste ragazze! Wenn sie hier nicht Unterschlupf finden, leben sie auf der Straße!«

Die Vorsteherin ist ratlos. Wo sollen die Kinder schlafen? Alle Betten sind belegt.

»Sagen Sie nicht Nein«, meint Salvati mit strengem Blick, »eine Absage würde Don Vincenzo nicht gutheißen.«

Don Vincenzo! Er kann gut reden, er weilt zurzeit bei den Mönchen im Grünen, bewohnt ein helles, geräumiges Zimmer, ganz allein für sich! Hier aber sind schon über sechzig Mädchen untergebracht, sollen es hundert werden? Das Haus wächst nicht, es platzt aus allen Nähten.

Die Leiterin bleibt standhaft, ihre Augen funkeln.

»Herr Salvati, bitte, haben Sie Verständnis!«

Weiß der Abbate überhaupt, was es heißt, ein solches Heim zu führen? Mädchen können ganz schön zickig werden, wenn sie zu nahe beieinander sind und sich beim Essen zanken: »Gib den Löffel her!« – »Nein, das ist meine Gabel!« – »Pfui, das schmeckt mir nicht!«

Der tüchtige Kaufmann, der mit Stolz geholfen hat, das Haus zu gründen, hätte es gerne erweitert, ihm zu Glanz und

Größe verholfen. Doch so einfach ist es nicht, denn die Vorsteherin wendet sich persönlich an Vinzenz Pallotti – mit Erfolg. Aus Camaldoli zeigt er volles Verständnis und teilt ihre Bedenken, nachdem er den Hausarzt gefragt hatte, *ob es klug sei, die Gemeinschaft in der gegenwärtigen heißen Jahreszeit zu vermehren*. Und er mahnt in weiteren Briefen auch andere Leute, die Leiterin nach Kräften zu unterstützen: *Wir müssen bei Fehlern miteinander Nachsicht haben; daher muss man auch mit der armen Oberin, die des Tages Last und Hitze trägt, nachsichtig sein*. Dennoch entstehen bald neue Differenzen, angeblich wegen der Herstellung von geflochtenen Stühlen. Sollen die Mädchen diese Arbeit verrichten oder besser nicht? Die Vorsteherin ist dagegen, andere sind dafür – und Vinzenz Pallotti soll entscheiden. Aus der Ferne kümmert er sich auch noch um solche alltäglichen Fragen.

Auch im Römischen Seminar, wo die jungen Priester ausgebildet werden, sind plötzlich Schwierigkeiten entstanden, in denen man ihn in Briefen um Rat fragt. Viel Post wird von Rom nach Camaldoli gebracht, Briefe von verschiedensten Personen, die in den vergangenen Jahren Verantwortung übernommen haben: Leitende von Jugendverbänden, Lehrende von Akademien und Abendschulen, Verwaltungsmitglieder von Bildungshäusern. Sie alle sind eingebunden in sein Werk, und wer nicht weiter weiß, macht auch vor Klostermauern nicht Halt, um ihn um Hilfe zu bitten.

Er hat die Steine ins Rollen gebracht, jetzt rollen sie weiter, schlagen irgendwo auf, und er muss dafür sorgen, dass sie niemanden überfahren, dass alles rund läuft.

So kann es geschehen, wenn man Menschen viel zutraut und sie bis an die Grenzen fordert, Vinzenz. Und weil du selbst viel um die Ohren hattest, sind vielleicht Anweisungen und Absprachen manchmal zu kurz gekommen. Kam es vor, dass du vor lauter Bäumen den Wald nicht mehr gesehen hast?

Um seine Ziele hat er sicher jederzeit gewusst und seine Ideale immer hochgehalten. Viele hat er dafür gewonnen, andere hätten ihn samt seiner Ideen am liebsten zum Teufel gewünscht. Leute gab es, die mit allen Kräften wirkten und ihr Bestes gaben, und dennoch zwischendurch die Flinte gern ins Korn geworfen hätten.

Kein Wunder, dass man dich im Kloster nicht in Ruhe lässt! Auf deinem Schreibtisch türmen sich Papiere, Post geht ein und bleibt liegen, als lebtest du in unseren Tagen. Wir können dir nachfühlen, Vinzenz! Uns überfluten zusätzlich noch elektronische Meldungen, die wir ständig zu bearbeiten haben. Täglich müssen wir unsere Mailbox leeren, um auf dem aktuellen Stand zu sein. Du kannst von Glück reden, dass du wenigstens davon verschont geblieben bist. Du hättest wohl zu jenen gehört, die von Nachrichten überschwemmt worden wären, und jede wäre dringend gewesen. Aber auch ohne Computer hast du das pulsierende Leben mit ins Kloster genommen.

Und während er eines Tages wieder einmal einen Stapel Briefe zur Pforte trägt, um sie rechtzeitig dem Kutscher mitzugeben, kommt ihm im Flur Besuch entgegen: Kein Geringerer als der Papst setzt sich kurze Zeit später mit ihm an den gedeckten Tisch.

Dir ist zu Ohren gekommen, dass Gregor XVI. im Kloster absteigt, und dir war wichtig, ihm zu begegnen. Sehen und gesehen werden! Beziehungen mit einflussreichen Persönlichkeiten muss man pflegen, das hast du immer gewusst.

Dann aber zog der Herbst ins Land. Zwischen den Mauern von Camaldoli fiel das Laub von den Bäumen. Die Zeit im Kloster war vorbei und es war Zeit für Vinzenz, nach Rom zurückzukehren. Wer wundert sich, dass er gesteht: *Von dem, was ich schreiben sollte, habe ich ganz wenig ausgeführt. (...) Ich musste viel Zeit darauf verwenden, eine Flut von Briefen zu beantworten; dann wurde ich von verschiedenen Leuten aufgehalten, die von Rom kamen, um mich in so großer Güte zu besuchen, auch von anderen Dingen, die ich nicht nenne; insbesondere war ich von meiner Trägheit eingenommen ...*

Von deiner Trägheit! Wie gut, dass du auch Trägheit kennst! Sie macht den Körper schwer, damit der Geist sich sammeln kann, um wieder aufzuleben.

MIT SCHWEREM GESCHÜTZ

Der sogenannte Kirchenstaat – im Mittelalter als weltlich-politisches Herrschaftsgebiet des Papstes errichtet – schrumpfte mehr und mehr in sich zusammen. In der Zeit, als Napoleon regierte, verkleinerte sich sein Territorium zusehends. Die endgültige Auflösung des Kirchenstaates erfolgte aber erst im Jahr 1870, 20 Jahre nach Vinzenz Pallottis Tod. Bis zuletzt wollte der Papst seine weltliche Macht nicht aus den Händen geben, Italien musste sie ihm mit militärischen Mitteln entreißen. Doch schon Jahre zuvor waren Bestrebungen im Gang, die Einheit und Unabhängigkeit Italiens zu erreichen. Der Zweck heiligte zweifelhafte Mittel: Unter der Oberfläche wühlten Geheimbünde, die von Paris und London aus den Umsturz planten. In Rom häuften sich Morde und Überfälle. Auch die Soldaten der päpstlichen Armee begingen Schandtaten. In den Jahren nach 1840 wurde die Lage immer prekärer. Die Gefängnisse füllten sich mit politischen Häftlingen und die Zahl der Verbannten und Geflüchteten stieg ständig an.

Vinzenz Pallotti hielt sich zeitlebens aus der Politik heraus.

Du hast dich nie eingemischt – war das klug? Man hätte bestimmt auf deine Stimme gehört! Du warst doch einflussreich wie kaum jemand. Warum hast du einfach geschwiegen? Das schreckliche Geschehen hat dich sicher nicht kaltgelassen. Auch du hattest Angst, gib es zu, Vinzenz. Wer getraute sich noch auf die Straße?

Betrunken torkelten die Soldaten aus den Wirtshäusern, liefen den Frauen nach und zogen die Säbel, um sie gefügig zu machen. Die Menschen fühlten sich bedroht, niemand war sicher.

Im Jahr 1842 ersuchten die kirchlichen Behörden Vinzenz Pallotti, die Seelsorge für die Soldaten der päpstlichen Truppe zu übernehmen.

»Auch das noch!«, könntest du ausgerufen haben – wir wissen es nicht. Jedenfalls hast du das Amt übernommen. Du hast ja nie eine schwierige Aufgabe abgelehnt.

Bisher war es üblich, den rohen Gesellen öffentliche Exerzitien anzubieten – vor allem während der Fastenzeit. Doch solche Einladungen schlugen die meisten in den Wind, und Vinzenz merkte schnell, dass neue Wege zu beschreiten waren. Mit geeigneten Veranstaltungen für Soldaten und gesonderten Angeboten für Offiziere und militärische Beamte schuf er neue Strukturen.

Es galt, die Männer dort abzuholen, wo sie standen! Er kannte ihr raues Leben, ihr ruppiges Benehmen und scheute sich nicht, ihnen direkt zu begegnen.

Man trifft ihn in der Kaserne. Die Wände sind feucht und kahl. Es duftet nach Moder und Schweiß. Das Essen ist karg, die Arbeit hart. An einem Tisch hinten, in einer finsteren Ecke, kommt er mit einem jungen Soldaten ins Gespräch.

»Ich bin weit weg von meiner Frau, sie bekommt ihr erstes Kind. Es könnte morgen so weit sein …« – Er spricht mit leiser Stimme, will nicht, dass andere mithören. Vinzenz lächelt. Dann steht er auf, klopft dem Mann auf die Schulter und läuft davon. Verdattert schüttelt dieser den Kopf. So sind sie, diese weltfremden Pfaffen, haben keine Ahnung! Wie kann einer verstehen, wie mir zumute ist? Entgeistert schaut er Vinzenz nach, sieht ihn im langen Flur um die Ecke verschwinden. Kurze Zeit später wird er zu seinem Vorgesetzten gerufen. »Ich? Was habe ich verbrochen?« Der junge Mann hält den Atem an, klopft an die Tür. Er erwartet einen Vorwurf, fürchtet die Strafe.

»Sie dürfen heimgehen – gleich jetzt!« – Der Offizier wünscht ihm alles Gute, mit freundlichen Worten weist er ihn zum Ausgang.

Du hast dem jungen Vater einen Urlaub vermittelt, Vinzenz, in Gedanken begleitest du ihn auf dem Weg nach Hause, und wenn er nächste Woche zurückkommt, wirst du ihn nach dem neuen Erdenbürger fragen. Er wird dir von ihm berichten, mit Glanz in den Augen, und dir den Namen seines Sprösslings nennen. Der frisch gebackene Vater wird voller Stolz sein und dir vielleicht viel erzählen, von seiner Frau, wie sie den Kleinen badet und füttert, ihn anzieht und liebevoll ins Bett bringt. Und du nimmst teil am jungen Familienglück, du, Vinzenz, der keine Familie hat, nie eine haben wird, aus freier Entscheidung. Mit zu vielen Menschen bist du verbunden, bist ihnen Freund und Vater, ein Mensch für die Menschen.

Auch für Gefangene.

Auch den Menschen im Gefängnis
wandte sich Vinzenz Pallotti zu.

Trotzig sitzen sie hinter Gittern, schuldig oder unschuldig, mit versteinerter Miene die einen, mit zornigem Ausdruck die andern. Die Tage sind endlos, die Nächte auch. Man öffnet Vinzenz das gesicherte Eingangstor in die Carceri Nuove an der Via Giulia und bittet ihn, im Gesprächszimmer Platz zu nehmen, man werde ihm die Häftlinge vorführen. Doch er lehnt ab, er will in die Zellen.

»Hier in diesem Abteil sitzen die Hochgefährlichen«, warnt der Wärter. »Sie müssen aufpassen, Don Vincenzo, solche Schurken schrecken vor nichts zurück.«

Vinzenz auch nicht.

»Wenn ich Sie in eine Einzelzelle einlasse, muss ich hinter Ihnen die Tür schließen«, gibt der Wärter zu bedenken. »Dann sind Sie dem Häftling völlig ausgeliefert.«

Alles klar, du weißt genau, was dich erwartet.

Bald stehst du in einem dieser berüchtigten Verliese, freiwillig in dem dunklen Loch, mit dem Rücken zur Wand. Auf der Pritsche sitzt ein Mann, die Arme aufgestützt, vor sich hinstarrend. Er hat kurz aufgeschaut, als dich der Wärter einließ, dann senkt er den Blick wieder. Du stehst und wartest, er regt sich nicht. Jetzt wagst du es, einen Schritt auf ihn zuzugehen. »Raus!«, brüllt er in harschem Ton. Er macht Anstalten, sich zu erheben und dir nahezukommen, an seiner Schläfe schwillt die Zornesader an. Du nimmst Abstand, hältst das Schweigen aus, die Spannung auch. Kleiner gedrungener Vinzenz Pallotti vor dem mächtigen Hünen, zwei ungleiche Gestalten wie David und Goliath, bloß dass es dir nicht darum geht, ihn zu besiegen.

Nur langsam bricht das Eis. Es sind keine großen Worte, die fallen.

Nach einer Viertelstunde muss Vinzenz die Zelle verlassen. Am nächsten Tag kommt er wieder. Er bringt den Gefangenen Süßigkeiten mit.

Vinzenz, darf man das? Es kümmert dich nicht, du fragst nicht einmal. Auch Hemden nimmst du mit ins Gefängnis, Hosen, Socken, Schuhe. Wer braucht etwas? – Du verteilst großzügig.

Und einer dieser Männer erzählt ihm seine traurige Lebensgeschichte. Schon als Kind sei er misshandelt worden, und nun habe er Geld gestohlen. Er wisse, das sei eine Straftat, aber müsse er jetzt jahrelang hinter Schloss und Riegel sitzen? Er habe Frau und Kinder, die ihn vermissten. Vinzenz versucht zu verstehen, er hört dem Mann zu, spricht von Vergebung.

Schöne Worte? Nicht von dir! Es wäre vielleicht manchmal einfach gewesen, die Gefangenen warmherzig zu trösten. Wie ausgetrocknete Schwämme saugen sie auf, was sie hören. Wer weniger als nichts hat, nimmt alles, was ihm zufällt, hält sich an jedem Strohhalm fest. Doch du hast lieber geschwiegen als etwas gesagt, das Illusionen geweckt und sich später wie Schall und Rauch verflüchtigt hätte.

Vinzenz geht nach Hause und schreibt an die Behörden, man möge den Mann begnadigen. Doch nichts geschieht, das Gesuch bleibt liegen. Er muss nachhaken, vorsprechen, überzeugen. Schlussendlich wird der Mann vorzeitig entlassen. Und bis dann, betont Vinzenz, solle man ihn anständig behandeln, ihm die Haft so erträglich wie möglich machen. Ein Mensch sei er, nicht nur ein Sträfling.

Weitere Gesuche folgen. Am 22. April 1846 bittet Vinzenz, *mit dem armen gemeinen Soldaten Patrizi Mitleid zu haben, der zu zehn Tagen Gefängnis verurteilt wurde, weil er beim Appell gefehlt hat. Er befindet sich gegenwärtig im Spital, wo morgen die zehn Tage zu Ende gehen. Es ist daher nichts anderes erfordert, als (...) dies so zu betrachten, wie wenn er seine Strafe im Gefängnis abgebüßt hätte.*

Jugendliche sollen nicht zusammen mit Erwachsenen in Untersuchungshaft gehalten werden, meint Vinzenz Pallotti, und setzt alle Hebel in Bewegung, damit die gerichtlichen Behörden diese ungute Regelung abschaffen. Und was geschieht mit den Schwerverbrechern, die zum Tode verurteilt sind? Vinzenz besteigt mit ihnen den Wagen, der sie zum Richtplatz führt, hört ihr hilfloses Klagen oder teilt ihr eisernes Schweigen. »Sag, was du noch sagen willst, alles ist möglich – auch noch in letzter Minute!« Er ringt mit den Menschen um ihre Versöhnung, um den inneren Frieden und versucht zumindest, ihnen das letzte Wegstück ein bisschen erträglicher zu machen, bevor sie unfreiwillig diese Welt verlassen. Oft fallen grobe, beleidigende Flüche in letzter sich aufbäumender Verzweiflung.

Auch im Militärspital Cento Preti wird die Seelsorge anspruchsvoll. In 14 Sälen liegen in 500 Betten Verwundete. Man geht nicht zimperlich miteinander um.

»Wo ist mein Stock? Welcher Mistkerl hat mir den Stock geklaut?« Der verwirrte Mann will sich aufrichten, das Haar hängt ihm in Strähnen über das Gesicht, auf seiner Stirn glänzen Schweißtropfen. »Du etwa? Hast du meinen Stock?«

Mit hohlen Augen schaut er Vinzenz an, der durch den langen Saal direkt auf den Mann zusteuert. Er hat von ihm gehört, die Mitbrüder haben erzählt, er lasse keinen Geistlichen an sein Bett. Er lästere ständig und ärgere die andern Kranken. Gegen einen Pfleger sei er schon tätlich geworden, einmal sogar gegen einen Arzt.

Vinzenz bleibt stehen, in gebührendem Abstand. »Ich will mich nur erkundigen«, sagt er dann, »ob Sie Schmerzen haben.« – »Schmerzen! Was weißt du von Schmerzen, du Stümper, hast keine Ahnung! Da, mein zertrümmertes Bein, der zerfetzte Verband, voller Eiter und Blut. Mir hilft ja keiner, verflucht nochmal, lass mich zur Hölle fahren!« – »Doch lieber nicht«, entgegnet Vinzenz, und will weiter reden. Doch der Kranke fällt ihm ins Wort. »Halt mir bloß deinen Gott vom Leib! Der hätte mir gerade noch gefehlt. Kein Wort, sage ich dir, kein einziges, ich warne dich! Märchen kannst du den anderen erzählen.«

Vinzenz kramt in der Rocktasche. Einen Keks? Ob der Mann einen Keks möchte, fragt er wie beiläufig. Der Kranke starrt ihn an und schweigt. Vinzenz hält ihm das Gebäck entgegen, wartet ab. Erneut fängt der Mann zu fluchen an, in den gröbsten Tönen, er schimpft über sein zerschossenes Bein und den Kranken im Bett nebenan, über Ärzte und Priester, über den Papst und die Franzosen. Schließlich beschuldigt er Vinzenz mit den übelsten Worten – bis es ihm reicht! Er stopft dem Mann den Keks energisch in den Mund. Dieser kaut und schluckt, er kann nicht anders. Die Flüche bleiben ihm im Hals stecken, er bringt kein Wort heraus. Dann aber legt er von neuem los, er wütet und wettert gegen Gott und die Welt und schimpft auf alles, was ihm einfällt. Vinzenz kramt einen weiteren Keks hervor und schiebt ihm auch diesen in den Mund. Der Mann muss mitten im Schimpfen abbrechen, er beißt auf dem Gebäck und auf dem Fluch herum, er würgt und schluckt. Vinzenz weicht nicht von seinem Bett. Er bleibt – bleibt hartnäckig stehen, bis sich die Wut verflüchtigt hat und ein versöhnliches Wort zu reden möglich wird.

Du greifst zu ungewöhnlichen Waffen im Kampf mit verruchten Soldaten! Doch aufgeben willst du nicht, davonlaufen schon gar nicht. Denn wenn Menschen ausrasten, haben sie meistens einen Grund dafür. Vielleicht wollen sie sich den Frust von der Seele reden? Nicht gleich, erst müssen sie Dampf ablassen. Wer davor flieht, verpasst vielleicht eine Gelegenheit, die sich nie mehr ergibt.

Seit 1843 lag die gesamte Verantwortung für die Seelsorge im Militärspital Cento Preti in den Händen von Vinzenz Pallotti. Täglich nahm er den Weg unter die Füße, ging von Bett zu Bett, las in leeren Gesichtern, fügte abgehackte Sätze zusammen und versuchte zu verstehen, was die Männer bewegte.

Doch der Aufwand ist groß, die Kraft braucht sich auf.

»Cari fratelli, helft mit! Allein schaffe ich es nicht.«

Vinzenz kann auf seine treuen Gefährten zählen. Zwar sind es immer noch wenige, die verlässlich zu seinem Wirkungskreis gehören, aber sie lassen ihn nicht im Stich. An einem Nachmittag ruft er alle zusammen, Priester und Laien, um mit ihnen ein zweckdienliches Vorgehen im Militärspital zu beraten: Was ist zu tun gegen das ständige Murren?

Einer steckt den andern an! Wie können wir Missstände beheben? Wollen wir den Monat Mai besonders gestalten? Besinnungstage wären möglich, vielleicht sogar ein Gottesdienst? Ideen werden ausgetauscht, Maßnahmen beschlossen. Eine Liste entsteht: Wer macht was mit wem – bis wann und womit?

Kurze Zeit später werden alle Pläne auf den Kopf gestellt. Das Militärspital Cento Preti mit allen Insassen und dem gesamten Inventar soll ins römische Hauptspital Santo Spirito in Sassia verlegt werden, ins größte und reichste Spital von Rom, auf der rechten Seite des Tibers gelegen, nicht weit vom Petersdom entfernt. Im geräumigen Flügel San Carlo sei genug Platz vorhanden.

Vinzenz kann es kaum fassen. Noch einmal müssen alle Absprachen neu getroffen, alles Beschlossene von vorn geregelt werden. Kommt dazu, dass Cento Preti ein paar Schritte weit von seinem Wohnort entfernt lag, bis zum neuen Ort hingegen ist der Fußweg 20 Minuten lang. Zu viel für den Ausgebuchten und Vielgefragten, der die Zeit lieber besser genutzt hätte. Vinzenz setzt alle Hebel in Bewegung, um den Entscheid rückgängig zu machen – vergeblich! Man bittet ihn eindringlich, *im Verein mit den von ihm abhängigen Priestern weiterhin mit seinem wohltätigen und erbaulichen Eifer den obengenannten Kranken beizustehen*, wie er es im Hospiz Cento Preti getan hatte.

Wir haben Wunder notwendig, schreibt Vinzenz Pallotti seinem Freund Raffaello Melia, der kurz vorher nach England abgereist war, um dort italienische Gastarbeiter und Auswanderer zu betreuen. Ihn hätte er jetzt gerne an seiner

Seite, Raffaello war einer der Treuesten in seiner Gemeinschaft. Doch wer kommt ihm soeben auf dem Flur entgegen? Francesco Vaccari! Auch er ist ein verlässlicher Mitbruder, der keine Mühe scheut und auch die gröbsten Soldaten nicht fürchtet. Aber was ist los? Er lässt den Kopf hängen, will sich mit düsterer Miene an Vinzenz vorbeischleichen. Auf sein Fragen hin wendet er sich ab. Doch Vinzenz hält ihn zurück, kramt zwei Orangen aus der Tasche und drückt sie ihm in beide Hände. »Nimm!« Francescos Gesicht hellt sich auf, die Frucht kommt wie gerufen, um seine Laune ein wenig aufzuhellen. »Eine davon kannst du immer noch ans Krankenbett bringen!«, sagt Vinzenz mit Schalk in den Augen.

Dann aber spürt auch er die Müdigkeit. Den ganzen Tag hat er im Spital verbracht, nun macht er sich auf den Heimweg. Es wird bereits dunkel, als er die Tür hinter sich schließt und die Straße passiert, mit gewohnt schnellen Schritten. Dann aber bleibt er plötzlich stehen. Ein Lächeln huscht über sein Gesicht. Dort, an der Hauswand, hängt das Plakat! Trotz der Dunkelheit kann er die Buchstaben deutlich entziffern. Er kennt den Aufruf, vorgestern hat er sich mit seinen Freunden über die großflächigen Papiere gebeugt. Sie sind mit farbigen Schriftzügen neu gestaltet worden und hängen bereits an den Fassaden der Geschäfts- und Kaffeehäuser, an Hausmauern und Kirchenportalen. Einmal mehr haben seine Leute ganze Arbeit geleistet und die Vorübergehenden werden sie nicht übersehen: die Einladung zur Dreikönigswoche.

DAS FEST DER FESTE

Am Vorabend des 6. Januar 1846 ist die Stadt Rom nicht wiederzuerkennen. Die Straßen sind belebt wie nie, alles scheint auf den Beinen zu sein. Die Menschen tragen Sonntagskleider, sie kommen zu Fuß oder fahren mit der Kutsche – und haben alle dasselbe Ziel: Sant'Andrea della Valle. Auf dem Platz vor der Kirche begrüßen sich Familien und Freunde, man hat sich lange nicht gesehen, vor einem Jahr vielleicht, am letzten Dreikönigsfest.

»Das Ereignis wollen wir uns nicht entgehen lassen«, sagt ein fürstlich gekleideter Mann, den Hut in der Hand, »seit zehn Jahren sind wir regelmäßig dabei.« Seine Frau nickt. »Diesmal soll es ja besonders festlich werden«, fügt sie hinzu, »auf die Krippe bin ich jedenfalls gespannt.«

Aus gutem Grund! Man munkelte, sie sei von gigantischem Ausmaß, nie hätte man eine solche gesehen. Neben anderen Künstlern sei Pietro Cantagalli, ein Bildhauer mit Rang und Namen, am Werk gewesen.

Weißt du noch, Vinzenz, zehn Jahre zuvor? Damals hast du die erste Dreikönigsoktav angekündigt, noch in bescheidenem Rahmen, mit einer kleinen Krippe. Doch schon für diese konntest du mehrere Handwerker überreden, unentgeltlich daran zu arbeiten. Schreiner haben gesägt und gehobelt, Maler gemalt. Frauen nähten und strickten, um die Figuren zu bekleiden.

Il bambino santo

Vom 6. Januar an standen täglich Feierlichkeiten auf dem Programm, eine ganze Woche lang – ein Anlass festlicher als der andere. In den folgenden Jahren konnte die Kirche der Neapolitaner die zahlreichen Besucher nicht mehr fassen. So wurde das Fest verlegt – zunächst nach San Carlo al Corso, dann nach San Silvestro in Capite. Diese Kirchen sind um einiges größer, doch auch sie waren bald überfüllt. Denn die Dreikönigsoktav, unterdessen stadtbekannt geworden, zog jedes Jahr mehr Menschen an – aus allen Schichten und Nationen. Schlussendlich fanden die Feierlichkeiten in einer der größten Kirchen Roms statt, in Sant'Andrea della Valle, wo mehrere tausend Menschen Platz haben.

Die Kirche war nun groß genug – doch die Krippe zu klein. Kurz entschlossen gab Vinzenz Pallotti eine neue in Auftrag. In aufwändiger Arbeit wurde sie gefertigt, sorgfältig ausgearbeitet bis zum kleinsten Einzelstück.

»Signora, ich möchte Sie um eine besondere Ehre bitten!« Vinzenz, zu Gast im Haus des Marchese de Gregorio, stellt das Weinglas auf den Tisch, wischt sich den Mund ab und faltet die Serviette zusammen. Er hat fein gespeist, das fürstliche Paar hat ihn schon mehrmals zum Essen eingeladen. Jedes Mal wurde er köstlich bewirtet, Vinzenz wusste diese Großzügigkeit sehr zu schätzen.

»Sie wissen doch, gnädige Frau: Für die nächste Dreikönigsoktav wird eine neue Krippe gebaut – bald ist sie fertig. Noch fehlt dem Jesuskind das Gewand. Ich weiß um Ihr handwerkliches Geschick, und so erlaube ich mir zu fragen: Könnten Sie es nähen?«

Vinzenz stößt auf große Bereitschaft. Die Fürstin sagt mit Freude zu und macht sich schon am nächsten Tag an die Arbeit. Sie kauft kostbaren Stoff und näht ein seidenes Hemdchen, das sie mit feinstem Garn bestickt und mit Spitzen umhäkelt. Auch Schmuck aus Gold und Silber legt sie für das Krippenkind bereit. Kaum kann sie den nächsten Besuch von Don Vincenzo abwarten.

Er schaut Kleid und Schmuck verwundert an. Dann schüttelt er den Kopf. »Nein, gute Frau«, sagt er entschieden, »so geht das nicht. Das Kind war in Lumpen gehüllt.« Die Fürstin stutzt. Sie hat mit größter Sorgfalt genäht und gestickt, keine Kosten gescheut. Alle Mühe umsonst? Ihre Enttäuschung ist mit Händen zu greifen.

»Das Kind ist arm unter Hirten geboren«, sagt Vinzenz belehrend.

»Es war Gottes Sohn!«, kontert die Fürstin.

»Es lag im Stall bei den Tieren – in ihrem Futtertrog!«

Vinzenz beharrt auf seinem Standpunkt. »Das Seidenhemdchen kommt nicht infrage. Schneiden Sie Streifen aus einfachem Leinenstoff. Wie Windeln sollen sie aussehen.«

Vinzenz, wie redest du mit einer Fürstin? Gib zu, sie hatte nicht unrecht! Aber du hast dich nicht umstimmen lassen. Am Schluss war das Jesuskind nach deinen Vorstellungen bekleidet, die riesige Krippe wurde vollendet und von vielen Helferinnen und Helfern im Chor hinter dem Hochaltar aufgestellt.

Der Stall von Bethlehem reichte bis ans Gewölbe, die Figuren standen überlebensgroß im Raum: Maria, Josef und die Hirten. Die Weisen aus dem Morgenland trugen Kleider aus prächtigen Stoffen, in den Händen hielten sie ihre kostbaren Geschenke. Die Innenbeleuchtung der Krippe hatten Fachleute sorgfältig ausgeklügelt: Im Stall machte sich gedämpfte Dämmerung breit, während vom Stern in der Höhe ein helles Licht direkt auf das Gesicht des Jesuskindes fiel.

Che bellezza! Große und kleine Leute stehen staunend davor. Die vielen Augen können sich kaum sattsehen.

Vinzenz Pallotti, die Frage drängt sich auf: Wer hat das alles bezahlt? Bestimmt haben viele etwas gespendet oder freiwillig geholfen. Doch wer hat die Künstler entlohnt, die Materialien berappt? Du sicher nicht, deine Freunde auch nicht. Ihr seid ja völlig mittellos gewesen, habt laufend verschenkt, was man euch gab.

»Don Vincenzo, Ihre Dreikönigsoktav ist eine große Sache«, meint Herzog Alessandro Torlonia und greift tief in die Tasche. »Wir anerkennen Ihr Werk, das Ereignis darf uns etwas kosten!« Der Fürst wird neben dem Grafen Mattioli zum großzügigsten Gönner des Festes. Er stiftet acht große Krippenfiguren und übernimmt während mehrerer Jahre die Kosten, um die Krippe jeweils aufzustellen und instand zu halten.

Drei Tage vor dem 6. Januar sind die letzten Vorbereitungen im Gang. »Vinzenz, schau dir deine Schuhe an!« Ein Mitbruder mustert sie mit kritischem Blick. Vinzenz hebt den linken Fuß, die Sohle ist dünn geworden, das Verschlussband ausgefranst. »Kauf dir ein neues Paar, du hast morgen noch Zeit.« – »Weder Zeit noch Geld!«, sagt Vinzenz schlag-

Die Schuhe Vinzenz Pallottis

fertig und will schnell verschwinden. »Du machst keinen guten Eindruck mit dem verlotterten Schuhwerk, sei nicht kleinlich, diesmal nicht!«

»Ich werde einen langen Chorrock tragen!«, entgegnet Vinzenz. »Niemand sieht darunter.« Er ist nicht zu überreden. Kurz vor dem Fest gibt es Wichtigeres zu tun: Sind die Weihrauchfässer poliert, die Blumen bestellt? Haben wir Kerzen genug?

Von nah und fern sind bereits hohe geistliche Würdenträger angereist. Auch namhafte Vertreter der Ostkirche haben sich auf den Weg gemacht, um die Dreikönigsoktav in Rom mitzufeiern.

Nun ist es so weit.

Die Eröffnung findet am Vorabend statt – mit der feierlichen Wasserweihe. Wasser, Zeichen des Lebens, Erinnerung an die Taufe. Die Menschen stehen dicht gedrängt in der weiträumigen Kirche, sie ist bis auf den letzten Platz besetzt. An den folgenden Tagen werden festliche Gottesdienste gefeiert – in verschiedenen orientalischen Riten. *Dadurch soll die Einigkeit der morgenländischen und lateinischen Kirche und die Wahrung der kirchlichen Einheit in der Mannigfaltigkeit der Riten, Sprachen und Nationen gezeigt werden*, schreibt Vinzenz in den Weisungen zur Gestaltung der Festwoche.

Welche Vision! Nicht nur das innerkirchlich Vertraute, auch das exotisch Fremde kommt zum Zug. Vinzenz Pallotti, damit hast du viel gewagt! Du hast Grenzen gesprengt und Mauern durchbrochen. Heute stehen wir fast ein bisschen beschämt vor deiner Kühnheit, leben zwar in einer globalisierten Welt, sind aber trotzdem voller Ängstlichkeit, wenn uns andere Kulturen zu nahe treten. Lieber ziehen wir den Zaun wieder enger, schielen kritisch auf Minarette und Kopftuch tragende Frauen. Wir haben ja bereits Mühe, großzügig ökumenisch zu sein! Protestanten und Katholiken stehen sich heute wieder ferner denn je. Man verteidigt das Eigene und beharrt auf dem, was man Wahrheit nennt.

Würdest du heute leben – was wäre dann?

Vielleicht würdest du die Dreikönigsoktav ausrufen als großes Fest der Religionen. Weltweit wären alle eingeladen, die in den Religionsgemeinschaften Verantwortung tragen – im Islam und im Christentum, im Judentum, im Buddhismus und in den unterschiedlichen Gruppierungen des hinduistischen Glaubens.

Davon können wir heute nur träumen.

Ab 1841 fand die Dreikönigswoche nur noch in Sant'Andrea della Valle statt – als großartiges, alljährliches Ereignis. Hunderte von Kerzen brannten. Weihrauch und Blumenschmuck, Orgelspiel und Festgesang erfüllten den Kirchenraum. Kleriker in weißen Gewändern vollzogen die feierlichen Zeremonien. Täglich wurden Predigten in ausländischen Sprachen gehalten – in Englisch, Französisch, Spanisch und Deutsch. Alle, die nach Rom kamen, sollten mindestens einmal ihre Muttersprache hören.

Ein internationaler Auftritt, würden wir heute sagen, ein wahres Event! Und zudem ein Fest für alle: Junge und Alte, Adlige, Handwerker und Angestellte waren dabei. *Man kann unmöglich beschreiben*, berichtet eine römische Zeitung von der Dreikönigswoche 1846, *wie außerordentlich zahlreich die Beteiligung von Männern und Frauen aller Stände und Nationen gewesen ist, und wie eine so große Kirche (...) immer gedrängt voll von Leuten war.*

Von selbst aber kommen sie nicht. Werbung ist alles!

Kein Aufwand war dir zu viel. Du hast Einladungsschreiben in alle Welt verschickt, an Fürstenhäuser und kirchliche Ämter, an Handwerksverbände und Vereinigungen von Hausangestellten, an weltliche und kirchliche Institutionen, an *61 Männer- und ebenso viele Frauenklöster.* Plakate, Handzettel und Einladungspredigten auf Kanzeln und Plätzen machten auf die Festwoche aufmerksam. Eine gute Sache muss publik gemacht werden, noch und noch müssen die Leute davon hören und schon im Vorfeld von ihrem Nutzen überzeugt sein.

Wir wüssten es eigentlich auch, und reden von Marketing – heute mehr denn je. Aber gerade Kirchengemeinden sind oft viel zu bescheiden, wenn sie ihre Angebote anpreisen, dabei stehen sie mit anderen kulturellen Anlässen in gnadenloser Konkurrenz.

Die damalige kirchliche Obrigkeit würdigte die Dreikönigsoktav mit viel Anerkennung. Im Jahr 1847 wirkte der Papst sogar selbst mit, indem er eine Predigt hielt. Davon wurde aber vorher nichts angekündigt, um einen noch größeren Zustrom von Besuchern zu vermeiden. Pius IX. kam ohne Begleitung der Schweizergarde um vier Uhr nachmittags bei Sant'Andrea della Valle an, stieg unbemerkt aus seinem Stadtwagen und verschwand in einer Seitentür.

Das Dreikönigsfest wurde regelmäßig gefeiert, weit über Vinzenz Pallottis Tod hinaus. Solange er lebte, beteiligte er sich selbst daran. Als einer der Kleinsten stand er in der scheinbar endlosen Reihe weiß gekleideter Kleriker vor der Kulisse der mächtigen Krippe. Bevor die Feierlichkeiten zu Ende waren, trat er vor, nahm das Jesuskind in die Arme und mischte sich unter die Gläubigen. Er hielt ihnen das Bambino vors Gesicht, damit sie es küssen konnten – leidenschaftlich und inbrünstig die einen, schüchtern und zurückhaltend die andern. Es waren gefühlvolle Momente – Ausdruck innigster Frömmigkeit zu jener Zeit. Ihm ging es darum, auch die härtesten Herzen zu rühren.

Die damaligen Menschen haben ihn verstanden.

Auch seinen Aufruf zur Spende.

Vinzenz, in dieser Hinsicht warst du schlau wie ein Fuchs. Man solle die Weisen aus dem Morgenland nachahmen, hast du gepredigt, und großzügig sein wie sie. Ihnen sei nur das Teuerste gut genug gewesen, um es an die Krippe zu bringen: Gold, Weihrauch, Myrrhe. Von den Gläubigen seien ebensolche Königsgeschenke gefragt. Kelche und Monstranzen aus purem Gold und Messgewänder aus kostbaren Brokaten sollen sie stiften. Auch für Gebetbücher, Kerzen und Gemälde müsse man den Geldbeutel öffnen. Kleinlichkeit sei fehl am Platz. Überdies sollte es möglich werden, auch außerhalb von Rom die Dreikönigswoche zu feiern. Dafür gebe jeder, was er könne, man müsse ein edles Herz haben. Vor allem an bedürftige Gläubige in fernen Ländern sei zu denken, wo die Ärmsten der Armen leben. Die Weisen aus dem Morgenland seien auch nicht stehengeblieben im eigenen Land.

Jedes Mal, wenn das Dreikönigsfest wieder vor der Tür stand, erinnerte Vinzenz Wohltätige daran, wie großzügig sie im

vergangenen Jahr waren und erklärte, weshalb nun noch größere Beiträge nötig seien. Dem Fürsten Doria schlug er direkt vor, die Kosten für die Beleuchtung zu übernehmen, eine solche Spende würde ihm gut anstehen. Und den Fürsten Alessandro Torlonia, der die Großzügigkeit in Person war, ersuchte er, die Dreikönigsoktav für alle Zeiten zu finanzieren.

Damit war er allerdings zu weit gegangen.

Der Fürst lehnte ab.

Die Krippe von Sant'Andrea della Valle – gibt es sie noch? Nicht alles wurde vom Zahn der Zeit zernagt! Ein paar Figuren daraus sind bis heute erhalten und stehen jedes Jahr auf dem Petersplatz. Dort wird während mehrerer Wochen vor Weihnachten eine monumentale Krippe errichtet – auf einer Fläche von dreihundert Quadratmetern. Die Figuren aus Pappe sind bis zu drei Meter hoch – alte und neue. Die ältesten standen schon während der Dreikönigsoktav im Jahr 1842 in der Kirche Sant'Andrea della Valle und haben eine lange Geschichte. Nun sind sie zur Sehenswürdigkeit im 21. Jahrhundert geworden. Wer von der Via delle Conciliazione auf den Petersdom zusteuert, sieht die mächtige Krippe von weitem. Das einmalige Kunsthandwerk auf dem Petersplatz ist jedes Jahr eine besondere Touristenattraktion.

Vinzenz Pallotti präsentiert den Besuchern der Dreikönigsoktav das Jesuskind.

Die Außenfassade der Kirche San Salvatore in Onda

UMZUG UND NEUBEGINN

Im Anbau der Kirche Spirito Santo wird der Platz eng. Vinzenz Pallotti und seine vier priesterlichen Freunde essen und schlafen in kleinen Zimmern und schränken sich ein, so gut sie können. Im Juli 1843 stößt der Laie Angelo Palombi zur Wohngemeinschaft, nun rücken sie noch näher zusammen. Jetzt ist das schmale Rektoratshaus bis in den letzten Winkel besetzt.

»Wie gern würde ich weitere Gleichgesinnte aufnehmen«, klagt Vinzenz Pallotti seinem Freund Kardinal Lambruschini, »aber daran ist nicht zu denken!«

»Wieso nicht? Ihr braucht ein größeres Haus, das ist alles!«

Kurze Zeit später legt er beim Papst ein gutes Wort ein. Gregor XVI. ist sofort bereit, der jungen Gemeinschaft die nötigen Räumlichkeiten zur Verfügung zu stellen. Wie wäre es mit dem alten Kloster San Salvatore in Onda an der Via dei Pettinari? Platz gibt es dort mehr als genug, und zur ehemals franziskanischen Niederlassung gehört eine eigene Kirche.

San Salvatore in Onda – Erlöser in den Wellen! Vinzenz und seine Gefährten wussten nur zu gut um den Ursprung des Namens. Das kleine Kirchlein, erstmals im Jahr 1127 urkundlich erwähnt, stand regelmäßig unter Wasser, wenn der

Tiber über die Ufer trat und das ganze Quartier überschwemmte. Erst viel später, im Jahr 1870, sollte der Fluss zwischen hohe Mauern gezwängt werden, um das Hochwasser in Schach zu halten. Heute noch sind in der Krypta die Basen der ersten Säulen zu sehen, die daran erinnern, dass schon früher der Boden erhöht wurde, um die Kirche vor Überschwemmungen zu schützen.

»Schaut, da oben!« Vinzenz steht mit seinen Mitbrüdern im Kirchenschiff und zeigt mit dem Finger zur Decke: »Überall Risse! Die Darstellungen in den Holzkassetten sind fast nicht mehr zu erkennen. Und dort, die Rosetten, die Arabesken? Waren sie nicht vergoldet? Auf rotem und blauem Grund müssten sie leuchten!« Auch die Engel zwischen den mit Goldstuck verzierten Bögen sind verwittert, die Blumengirlanden aus ihren Händen gefallen. Die Mitbrüder blicken ernst. Wie soll aus dem verwahrlosten Bau eine würdige Kirche werden? Die Säulen, größtenteils aus altrömischen Gebäuden stammend, stehen wie graue Masten im Raum, der einst glänzende Marmor ist von einer dicken Staubschicht bedeckt.

Dennoch gab es nichts zu überlegen. Vinzenz war froh, er atmete auf. Im Frühling 1845 wurde ihm das Haus übergeben – in miserablem Zustand.

Einmal mehr waren Umbauen und Aufräumen angesagt. Bis zum Ende des Jahres standen Handwerker im Einsatz, um das Gebäude von Grund auf zu sanieren und zweckdienlich herzurichten. Vinzenz und seine Gefährten mussten viel Geld dafür auftreiben. Woher nehmen, ohne zu stehlen? Das

Das Mittelschiff von San Salvatore in Onda

gute Einvernehmen mit den Reichen machte sich auch jetzt bezahlt – im wahrsten Sinne des Wortes. Vinzenz klopfte nicht vergebens an ihre Türen, um die nötige Summe zusammenzubringen.

Auch sonst war viel zu tun. Im hinteren Teil der Kirche gab es in beiden Seitenschiffen eingebaute Kaufläden mit direktem Zugang zur Straße. Die Besitzer freuten sich nicht, als Vinzenz ihnen nahelegte, ihre Geschäfte zu räumen. Er wollte aber die ganze Kirche zurückgewinnen und musste einvernehmliche Lösungen suchen.

Verhandeln, Vinzenz – gewusst wie! Es ging um Eigentum, um Recht und Geld. Du musstest diplomatisch sein, du wolltest ja etwas erreichen. Verschenken konntest du nichts, verärgern wolltest du niemanden. Du bist Bauherr und Unternehmer gewesen – auch solche Rollen muss man richtig spielen.

Und sein Amt als Rektor an der neapolitanischen Nationalkirche? Nun war der Zeitpunkt da, um es erleichtert abzugeben. Die ständigen Reibereien hatten ein Ende.

Die Renovierungsarbeiten in San Salvatore in Onda zogen sich hin. Am Schluss musste noch die Fassade erneuert werden, weil auch das äußere Mauerwerk beschädigt war. Nach einem Jahr war es aber so weit: Im Januar 1846 zog die kleine Gemeinschaft mit großer Freude in die neuen Räume ein – unmittelbar nach der Dreikönigsoktav. *Ich fand unser kleines Haus fertig eingerichtet vor*, schrieb Paul de Geslin seinen Eltern nach Frankreich. *Mein Zimmer mit seiner kapuziner-*

Tür zu Vinzenz Pallottis Zimmer

mäßigen Ausstattung nahm mich freundlich auf … ein Tisch, zwei Stühle, ein Weihwasserbecken, zwei Bretter für etliche Bücher, ein Betstuhl und ein Bild … Ich wohne bei Mitbrüdern, die ich liebe und die mich lieben … Bei einem solchen Schatz fürchtet man keine Diebe, glaubt es mir, und man kümmert sich nicht darum, ob auch das Türschloss einen Schlüssel hat.

Und dein Zimmer, Vinzenz Pallotti? Dürfen wir eintreten?

Bis zum heutigen Tag ist es unverändert erhalten. Wir können es besichtigen im Generalat der Pallottiner, das nach wie vor in San Salvatore in Onda untergebracht ist.

Eine steile Treppe führt hinauf zur Tür aus dunklem Holz. Über der Tür hängt ein Bild von Vater Pallotti. Die Türklinke ist abgenützt, sie ist oft durch seine Hände gegangen. Doch bleibt man unwillkürlich stehen, ziemlich irritiert. Gibt es da wirklich ein Zimmer? Links davon wäre ein schöner Raum, den er sich hätte einrichten können, aber dort ist eine Kapelle entstanden. Über dem Altar hängt das Kopfstück einer Bettstatt, das er von einem Künstler hat bemalen lassen. Dort, wo sein Zimmer ist, war früher ein Flur.

Einen Durchgang hast du dir zur Wohnung gemacht, als gäbe es niemals ein Rasten, als wäre das Leben ein ständiges Gehen.

Das Brett an der Tür ist Zeuge davon. Wo bist du zurzeit?

Chiesa, Loggia, Libreria, Ospedale … Auf der Liste möglicher Aufenthaltsorte hast du jeweils dort einen Nagel eingesteckt, wo man dich gerade finden konnte. Oder er steckte im Loch neben der Inschrift *Torno presto.* Wie lang hat es manchmal gedauert, lieber Vinzenz, bis du *presto* zurück warst?

»Bin im Hospital« – Stecktäfelchen an der Tür zu Vinzenz Pallottis Zimmer

Chiesa, o Sagrestia
Loggia
Libreria, o Conferen
Officina
Camera d' Udienza
Ospedale Mre
Torna presto
Impedito
Confessionale
Camera che fù abitata dal Servo di Dio
VINCENZO PALLOTTI

Lass uns die Tür öffnen und sehen, wo du gewohnt hast! Der ausgetretene Boden mit Ziegelsteinen von edler Schönheit, glänzend poliert für alle, die hierherkommen, auch nach Jahren noch. Links das Bett, die Kommode und der Bücherschrank, rechts am Fenster steht immer noch der Sekretär aus deinem Elternhaus. Schon dein Vater hat darauf Papiere geordnet, die Anzahl Salz- und Mehlsäcke berechnet, die er in seinen Lebensmittelfilialen verkauft hat. Du jedoch hast hier Briefe geschrieben, Gesuche und Gebete – und auch dein Tagebuch.

Bilder und Statuen von Heiligen zieren Wände und Winkel – wie könnte es anders sein! Sie haben ihn empfangen, wenn er heimkam und ihn begleitet, wenn er wieder ging.

Der Kalvarienberg deinem Bett gegenüber sticht besonders ins Auge – und ins Herz. Auf dem Betschemel davor hast du dich immer wieder zu Tränen rühren lassen, das göttliche Leiden betrachtend, mit innigem Mitgefühl. An dieser Skulptur aus Pappe sollst du selbst den Pinsel geführt haben – rot fließt das Blut! Es war deine Mystik, Vinzenz Pallotti – für uns ein Geheimnis, ein verschlossenes Buch.

»Wir brauchen dringend eine Uhr!« Francesco Vaccari, der die Tagesordnung der Gemeinschaft in San Salvatore regeln will, versucht den Meister zu überzeugen. »Schau, die alten Uhren, die wir noch haben, drei hölzerne Exemplare – sie taugen nichts mehr! Eine Pendeluhr müssen wir haben, hier an der Wand für alle sichtbar, in einem hübschen Gehäuse!« Vinzenz, mit anderem beschäftigt, hört nur mit halbem Ohr zu. Francesco Vaccari kennt ihn, Vinzenz will sich nicht um

Vinzenz Pallottis Zimmer in
San Salvatore in Onda

solche Dinge kümmern. Am besten nimmt er sie gleich selbst in die Hand – und beginnt zu rechnen. Der Ertrag für die drei alten Uhren zusammen mit einer bescheidenen Zahlung sollte ausreichen, um die gewünschte Pendeluhr zu erstehen. Francesco ist überzeugt, er bestellt. Doch seine Rechnung geht nicht auf. Die Uhr trifft ein – und ist viel teurer als gedacht.

»Vincenzo, ich habe mich getäuscht, die Uhr kostet mehr, als ich dachte. Aber sie ist genau richtig! Suche einen edlen Spender, der dafür aufkommt. Du wirst bestimmt einen finden.« Vinzenz schüttelt den Kopf. »Nicht für eine Uhr, Francesco! Für die Einrichtung der Kirche würde ich sofort einen Wohltäter suchen, aber nicht für ein solches Schmuckstück.« – »Kein Schmuckstück«, kontert Francesco, »ein nützliches Ding! Verstehst du das nicht?«

Nein, Vinzenz versteht nicht. Trotzdem drückt er dem Mitbruder ein Geldstück in die Hand. »So wenig?« Francesco mustert die Münze mit kritischem Blick. »Du wirst doch nicht etwa glauben, die Uhr sei damit bezahlt?« – »Sicher nicht«, meint Vinzenz, »du wirst Geduld haben müssen.«

Francesco verzieht das Gesicht. Er hat den Auftrag gegeben, er schuldet dem Verkäufer Geld – viel Geld. Und jetzt soll er Geduld haben? Er schweigt, zieht sich ins Zimmer zurück und legt die Münze in eine kleine Schachtel. Alles, was er irgendwie auftreiben kann, was er von irgendwem geschenkt bekommt oder übrig hat, wird er künftig in diese Schachtel legen. Immer wieder zählt Francesco das Geld zusammen, noch und noch muss er den Verkäufer beschwichtigen. Erst nach langer Zeit kann er die teure Uhr bezahlen.

Vinzenz, von einem Krankenbesuch zurück, steht lächelnd davor. »Gefällt sie dir? Jetzt, da sie bezahlt ist, noch viel mehr, oder nicht?«, witzelt Francesco. – »Sicherlich, die Uhr ist gut und nützlich, aber noch besser und nützlicher bist du!« Vinzenz klopft dem Freund auf die Schulter und will die Treppe hochsteigen, er hat noch Post zu erledigen. Doch Paul de Geslin, der eben zur Tür hereinkommt, hält ihn zurück: »Vinzenz, hast du Zeit?«

Zeit – wofür? Zeit zum Zuhören, Beraten, Erklären? Zeit zum Aufmuntern, Trösten, Ermahnen? Oder auch zum Ausruhen, zum Vergnügen zwischendurch?

Vinzenz, du wusstest so gut wie wir: Die Zeit läuft ständig, 24 Stunden am Tag. Die Frage ist nur, womit wir sie füllen. Manchmal wundern wir uns, wofür du dir Zeit genommen hast: gewiss für Gebete und Besuche, für Begegnungen und Verhandlungen – auch für Plauderstunden? Du hast die Menschen geliebt, warst gerne mit Leuten zusammen. Vergeuden wolltest du keine Minute, doch in puncto Zeitplan hast du es nicht immer so genau genommen. Einige mussten lange auf dich warten, auch wenn der Termin vereinbart war. Andere kamen sofort zum Zug, spontan und herzlich hast du dich zugewandt. Und manchmal hast du einen Menschen ganz genau beobachtet, ohne dass er es merkte – und dich später an Einzelheiten erinnert.

Nachdem Paul de Geslin sein Anliegen vorgebracht hat und mit Vinzenz besprechen konnte, was es zu besprechen gab, ist er noch eine Weile sitzen geblieben. Es schien, als wolle Vinzenz noch etwas sagen.

»Hast du bemerkt«, fragt er unvermittelt, »woran man erkennt, welchen Beruf jemand ausübt?« – Seine Frage steht plötzlich im Raum, scheinbar ohne Zusammenhang. »Es sind Gewohnheiten, manchmal Kleinigkeiten, die Berufe verraten«, sagt er mit Augenzwinkern und lehnt sich zurück. »Vorhin war ich bei der Fürstin Borghese«, erzählt er dann, »und mir ist aufgefallen, mit welcher Sorgfalt sie ihre Hände pflegt. Wie alle Herrschaften, die ich kenne, lässt sie die Nägel sehr lang wachsen, es scheint zum guten Ton zu gehören. Für mich wäre das nichts, ich habe jeden Tag mit Kranken zu tun und müsste ständig aufpassen, dass ich sie nicht kratze.« – Paul de Geslin senkt den Blick auf seine eigenen gepflegten Hände, die sorgfältig gefeilten Nägel. Er ist ein bisschen eitel, er weiß es selbst. Soll er nun, was er hörte, als Wink mit dem Zaunpfahl verstehen? Nein, es war kein Tadel, nur eine kleine Andeutung.

»Komm, wir gehen!«, sagt Vinzenz plötzlich, »wir haben zu tun.« Gemeinsam verlassen die beiden Männer das Haus Richtung Militärspital Santo Spirito in Sassia. Es ist Spätherbst, schon hat der Wind die Blätter von den Bäumen gefegt, am Himmel hängen schwarze Wolken. Kaum sind die beiden auf der Straße, fängt es zu regnen an, zuerst zaghaft, dann in Strömen. Es war, als würde der Himmel alle Schleusen öffnen, doch die beiden hatten keinen Schirm bei sich.

Als wir auf dem Platze des Borgo di Santo Spirito angekommen waren … wird Paul de Geslin später erzählen, *glaubte ich eine italienische Redensart zum Besten zu geben (…): »Che cattivo tempo!« Ich hatte kaum diesen Ausspruch getan, als Don Vincenzo wie starr vor Staunen stehen blieb. Er wandte sich zu mir, hob seinen Kopf und schaute mich an. Dann wiederholte er verwundert: »Cattivo tempo – schlechtes Wetter?« (…) Der kleine*

Platz war vollständig leer. Vinzenz und ich waren in der Mitte *stehen geblieben. Da der gute Vater klein von Gestalt war, hob er den Kopf, als er mich anblickte, während ich den meinen senkte, um ihn besser zu sehen …* Der Regen prasselte uns über Schultern und Rücken, ihm aufs Gesicht und mir auf den Hinterkopf, *es war ein wahrer Bach*, der an uns herunterfloss.

»Schlechtes Wetter, hast du gesagt?« fragt Vinzenz.

»*Gewiss … ist es schlechtes Italienisch?*«

»*Das Italienisch ist gut, nur der Ausdruck ist schlecht.*«

Worauf – unter strömendem Nass, das unaufhörlich vom Himmel fiel – Vinzenz ansetzte zu einer langen Rede über Sonnenschein und Regenwetter. »*Dass das Wetter regnerisch (…) ist, das kann man sagen; auch dass es (…) unangenehm ist, könnte man noch sagen (…) denn schließlich ist es kein Fehler, den Sonnenschein dem Regen vorzuziehen und die Rückkehr des Frühlings zu wünschen. Aber sagen, dass das Wetter schlecht ist, mein Sohn, das ist einfach unverzeihlich.*«

Bis zum Spital waren es noch knappe hundert Meter. Paul de Geslin wäre am liebsten losgerannt, so schnell wie möglich unter das schützende Vordach. »Alles klatschnass«, sagte er kleinlaut, doch Vinzenz blieb wie angewurzelt stehen und setzte seine Rede fort. Immer noch unter den berstenden Wolken wollte er ihm eine Geschichte erzählen, eine Episode aus vergangener Zeit, von der Güte Gottes und der Kostbarkeit in jedem Wassertropfen.

»Im Spital wäre es behaglicher«, sagt Paul ungehalten, durchnässt bis auf die Haut. »Warum?«, fragt Vinzenz. »Der Ort passt ausgezeichnet, wir stehen mittendrin! Im Spital haben wir keine Zeit mehr zum Reden, dort nehmen uns sofort die Kranken in Beschlag.«

Spät kehren sie nach Hause zurück. Die Mitbrüder haben auf sie gewartet. Ein bescheidenes Mahl steht auf dem Tisch. Raffaello Melia, der auf seinen Reisen durch Frankreich und England feines Essen gewohnt war, hält sich zurück. Man schöpft Gemüse und isst ein Stück Brot, zum Nachtisch gibt es getrocknete Feigen.

So wächst die kleine Gemeinschaft zusammen. Gelübde? Nein, immer noch keine, auch nicht für die Kerngruppe in San Salvatore. Ein einfacher Vertrag sollte genügen. Außerdem galt die Verpflichtung, keine kirchlichen Würden anzunehmen. Wozu auch? Sie wären bloß hinderlich gewesen. Denn der Alltag nahm alle tüchtig in Anspruch. Jeder hatte sein Pensum, jeder seine Eigenheiten – auch Vinzenz Pallotti.

ZWISCHEN DEN FRONTEN

Inzwischen überstürzten sich die politischen Ereignisse. Im Jahr 1848 wurde ganz Europa von kriegerischen Auseinandersetzungen erfasst. Der Kirchenstaat kam mehr und mehr unter Beschuss. Man nötigte den Papst, Truppen an die Nordgrenze zu schicken, aber er war nicht bereit, Österreich den Krieg zu erklären. Die radikalen Kreise waren empört. Sie vermuteten den Einfluss einer maßgeblichen Gruppe, die sich um Kardinal Lambruschini gebildet hatte. Und weil dessen freundschaftliche Beziehung zu Vinzenz Pallotti bekannt war, bekam auch er den Hass der Umsturzpartei zu spüren.

Einige ihrer Anhänger fuhren eines Tages in San Salvatore in Onda vor. Sie hatten im Sinn, Vinzenz mit der Kutsche abzuholen unter dem Vorwand, der Papst wolle ihn sprechen. Er war aber nicht zu Hause, vermutlich befand er sich in Velletri, wo er zusammen mit Raffaello Melia Besinnungstage für die Öffentlichkeit hielt. Wie sich später herausstellte, hatte niemand den Auftrag erteilt, Vinzenz zu holen. Man wollte ihn vielmehr bespitzeln. Die Umstürzler muss vor allem interessiert haben, ob er Kontakte zu einflussreichen Persönlichkeiten pflegte, die ihre Ideen bekämpften.

Die Unruhen setzten sich fort. Pellegrino Rossi, den der Papst nach dem Sieg der Österreicher mit der Bildung eines neuen Ministeriums beauftragt hatte, wurde ermordet. Die

Revolution brach aus. Man stellte eine demokratische Regierung auf und wollte dafür vom Papst die Zustimmung erpressen, doch er verweigerte sie. *»Nieder mit Pius IX.! Es lebe die Republik!«*, brüllte die aufgewühlte Menge. Die Schweizergarde wurde entwaffnet und durch Bürgerwehrsoldaten ersetzt, der Papst floh ins Königreich Neapel.

Nun wird auch für Vinzenz die Lage gefährlich. Ein Soldat verfolgt ihn auf offener Straße, drängelt sich zwischen den Passanten durch, die geladene Waffe in der Hand. »Bahn frei!«, schreit er plötzlich, als er Vinzenz ein paar Meter vor sich sieht, wie er eilig die Gasse überquert. Die Menschen stieben auseinander, er legt das Gewehr an. Im letzten Moment kann Vinzenz um die Ecke biegen und in der belebten Menge untertauchen.

Bald ist der Vorfall in aller Munde. Auch der Marchese de Gregorio hört davon. Bestürzt sucht er Vinzenz auf, um ihn nach dem Hergang zu fragen: »Don Vincenzo, was ist passiert?« Er aber weicht aus und sagt, *man solle auf Schwätzereien nicht achten; es seien das nur Scherze und nichtige Dinge.*

Das verzweifelte Bemühen, die Angst kleinzureden? – Vinzenz, auch du warst nur ein Mensch, dem das Herz rast, wenn er so

knapp dem Tod entkommt.

Die Revolutionäre griffen durch. Kirchengüter wurden beschlagnahmt, Glocken eingeschmolzen und zu Waffen verarbeitet. Klöster und Kirchen dienten als militärische Stützpunkte. Vinzenz und seine Gefährten wurden mit Schimpf und Schande verjagt.

»Wo gehst du hin?«, fragen ihn die Freunde. Sie wollen unter allen Umständen verhindern, dass Vinzenz nach San Salvatore zurückkehrt. »Du wirst verfolgt, geh fort!« Francesco Vaccari zieht weltliche Kleider an und gibt sich als Arzt aus, er taucht in der Stadt unter. Nur Paul de Geslin, der als Franzose am wenigsten zu befürchten hat, wohnt gemeinsam mit einem portugiesischen Laienbruder weiterhin im Haus.

Der Marchese de Gregorio, der den Eid auf die Revolutionsregierung verweigert hatte, bietet Vinzenz an, bei ihm unterzutauchen. »Ich reise mit meiner Familie nach Torrita, kommen Sie mit!« Vinzenz stimmt zunächst zu – eine Stunde vor Abfahrt sagt er wieder ab. Schlussendlich findet er Zuflucht im Irischen Kolleg an der Via Mazzarino.

Viereinhalb Monate lang sollte er dort bleiben, gefangen hinter den schützenden Mauern. Er, der sonst durch alle Straßen ging und ständig unter den Menschen war, musste sich nun in geschlossenen Räumen verbergen, aus Sicherheitsgründen unsichtbar sein.

Mit seinen Gefährten aber blieb er in heimlicher Verbindung. Francesco Vaccari besuchte ihn öfters, Briefe gingen hin und her. Sogar eine Einladung nach London erreichte ihn in jenen Tagen, um dort ein Missionskolleg aufzubauen. Unmöglich – Vinzenz konnte nicht zusagen. Eine Ausreise aus Rom wäre zu jenem Zeitpunkt ohnehin schwierig gewesen.

Was hast du gemacht, Vinzenz, tagelang hinter verschlossenen Türen? Bestimmt war es ungewohnt für dich, plötzlich ohne

Arbeit zu sein. Du wirst gebetet haben, dafür hattest du jetzt Zeit – mehr denn je. Im Übrigen hast du gelesen und geschrieben. Nie war die Gelegenheit günstiger, um dich in erbauliche Lektüre zu vertiefen und selbst zur Feder zu greifen. Dein bekanntes, kleines Buch *Gott, die unendliche Liebe* ist wahrscheinlich in jenen Wochen entstanden.

Unterdessen hielt Paul de Geslin die Stellung in San Salvatore. Die liturgischen Gefäße und andere wertvolle Gegenstände versteckte er im zweiten Stock, damit sie nicht beschlagnahmt wurden. Er konnte aber nicht verhindern, dass *zwei Glocken vom kleinen Turm der Kirche heruntergeholt wurden, um Kanonen daraus zu gießen*. Auch wurde das gesamte Inventar des Hauses aufgenommen. Einmal jedoch konnte er eine Schar Feinde abschrecken. Der Bruder an der Pforte hatte anscheinend den Kopf verloren und ließ sie verdattert ein, plötzlich standen sie vor seinem Zimmer, und Paul, aufbrausend und unerschrocken, fing lauthals zu schimpfen an – über die Arroganz der Eindringlinge und ihre Verletzung des Hausrechts, über die ganze grauenhafte Revolution. Die Abgesandten wichen zurück, kleinlaut zogen sie ab..

Kurze Zeit später leitete Paul de Geslin in einem kleinen

Dorf bei Frascati Exerzitien, konnte aber anschließend nicht mehr nach Rom zurückkehren. Die Stadttore waren geschlossen. Garibaldi, der Anführer der Revolutionäre, rückte mit 2000 Mann an. Auf Pferden, Maultieren, Eseln und Karren zogen sie mit wildem Geschrei in Rom ein. Voller Angst überließ man ihnen das Frauenkloster San Silvestro in Capite, die Nonnen irrten obdachlos umher, bis sie bei den Augustinerinnen von Santa Pudenziana unterkamen. Als Vinzenz von ihrem Schicksal hörte, schickte er ihnen einen Brief, um ihnen Mut zu machen. Weitere Briefe erhielten Raffaello Melia und Faà di Bruno, die in London weilten. An namhafte kirchliche Würdenträger schrieb Vinzenz, *die Kirche sei unter die Räuber gefallen, die sie beraubten und ihr schwere Wunden zufügten.* Ein allgemeines Konzil sei einzuberufen, denn dadurch *könnten diese am besten geheilt werden.*

Es sollte eine Weile dauern, bis sein Vorschlag umgesetzt wird: Erst im Jahr 1870 rief Papst Pius IX. zum Ersten Vatikanischen Konzil auf.

Unterdessen standen in San Salvatore in Onda die meisten Zimmer leer. Fast alle Bewohner waren geflohen. Vinzenz versuchte aus der Ferne, die Verbliebenen zu erreichen: *Bei Lärm mögen sie die Fenster, die auf die Straße gehen, geschlossen halten und selbst diesen Räumen fernbleiben.* Und weiter erinnerte er daran, *Leinwand für die Verwundeten bereitzuhalten und sie auszuhändigen, wenn man sie holen wolle.*

Am 1. Mai 1849 hörte man Schüsse. In Rom wurden zehn Geistliche und zwei Laien erschossen, weitere kamen unter Qualen ums Leben. Jetzt schwebte auch Vinzenz in höchster Lebensgefahr. Er wird später in einem Brief an Kardinal Lambruschini davon berichten: *Am 1. Mai geschah in der Nähe ein Mord. Unter dem Vorwand, der flüchtige Mörder habe sich in dem Kolleg versteckt, kamen Bürgerwehrsoldaten mit angeschlagenem Gewehr, um nach ihm zu suchen. (...) Sie nahmen (...) die Hausdurchsuchung vor. (...) Ich hörte nachher, dass sie mit dem Entschluss gekommen waren, jeden, der sich dort verborgen hielt, gefangen zu nehmen, auf den Platz* Monte Cavallo *zu führen und dort zu erschießen. Tatsache ist, dass sie wütend alles vom Keller bis zum Dach durchsuchten (…) Ich weilte im Zimmer, ohne zu wissen, dass man diese Untersuchung hielt. Sie kamen (…) nicht zu mir herein.*

Schließlich hieß es, San Salvatore in Onda werde beschlagnahmt. Die wenigen Bewohner wurden angewiesen, sofort auszuziehen. Doch im letzten Moment hat man den Befehl rückgängig gemacht.

Endlich, nach dieser schrecklichen Zeit, wurden die Kämpfe beendet. Im Frühsommer 1849 kam es zum Waffenstillstand, die Wirren in Rom waren aber noch lange nicht gelöst. Doch Vinzenz Pallotti hielt es nun für angebracht, sein Versteck zu verlassen. Erleichtert und vorsichtig zugleich kehrte er nach San Salvatore in Onda zurück – in sein Haus und in sein Zimmer, heim zu seinen Freunden.

»Jemand will dich sprechen«, hört er den Bruder sagen, der die Pforte bewacht. Man weiß nie, wer plötzlich auftaucht, es ist spät am Nachmittag, das Abendlicht flimmert über dem Tiber.

Vinzenz eilt die Treppe hinunter. Im Flur bleibt er stehen. Eine Frau wartet an der Tür, sie hat gehofft, ihn zu treffen. Sanfte Röte steigt ihr ins Gesicht, als sie Don Vincenzo kommen sieht, ihre Augen leuchten.

»Elisabetta!« Vinzenz eilt auf sie zu, sie will ihm die Hand küssen. Doch auch sie kommt nicht dazu, wie immer lässt

Büste der Elisabetta Sanna

Vinzenz das kleine Kästchen aus dem Ärmel gleiten, damit sie das Bild der Madonna küsst, nicht seine Hand.

»Ein Wunder, dass wir noch leben!«, sagt er und bittet sie hereinzukommen. Er bietet ihr einen Sessel an.

»Ist wirklich alles vorbei?«, fragt sie zaghaft. Ihre Stimme bebt.

»Calma te, mia figlia – calma te!«, sagt Vinzenz beschwichtigend, *»Dinge wie die jetzt vergangenen sollen nicht mehr geschehen!«* Sie zieht ein Taschentuch aus der Rocktasche, ihre Augen sind feucht.

Elisabetta Sanna, die seit Jahren in Rom lebte, hatte Vinzenz lange nicht mehr gesehen. Sie gehörte zu jenen Frauen, die sich in seinem Werk nach Kräften engagierten. Bei einem unglücklichen Sturz im Dezember 1844 brach sie sich mehrfach den linken Arm und musste sich im Spital pflegen lassen. Wegen fehlerhafter Behandlung kam es zu schmerzhaften Entzündungen, der Arm verfärbte sich dunkel, er wurde schwarz. Nach zehn Tagen erklärten die Ärzte, er sei nicht mehr zu retten, man müsse ihn abnehmen. Elisabetta war verzweifelt, sie weinte. »Meinetwegen geschehe, was will«, sagte sie zu Vinzenz, »wenn mir nur der Arm bleibt! Ich kann mir nicht vorstellen, verstümmelt zu leben.« Täglich besuchte er sie im Krankenhaus, setzte sich an den Bettrand. Manchmal redete er, manchmal schwiegen sie. Die Hoffnung wuchs, die Schwellung nahm ab, und langsam gewann der Arm seine gesunde Farbe zurück. Nie vergaß sie, dafür dankbar zu sein, obwohl sie auch sonst oft krank war. Vinzenz wird später einem Bekannten schreiben, *Elisabetta ist fast immer von schwacher Gesundheit, aber stets auf den Beinen.*

Sie war ein zuverlässiges Mitglied in Vinzenz Pallottis Vereinigung, besuchte Kranke, nähte und strickte für die Armen.

Von Protesten, die gegen ihn laut wurden, hat sie sich nicht beeindrucken lassen.

»Er treibt sich mit dem Pöbel herum! Sogar auf Frauen lässt er sich ein!« – Man tuschelt hinter vorgehaltener Hand. Spitzige Worte fallen, oft auch von geistlichen Mitbrüdern. Sie kritisieren ihn hart: »Er arbeitet mit Laien zusammen!« – Seit der Revolte gegen den Kirchenstaat stehen diese grundsätzlich im Verdacht, sich gegen die päpstliche Herrschaft zu stellen.

Trotz der vielen Menschen, die dich mochten, bist du manchmal in ein schiefes Licht geraten. Kleriker haben dich ausgegrenzt, diskriminiert in den eigenen Reihen. Und mehr als einmal bist du zwischen Stuhl und Bank gefallen.

»Der kleine Mann will hoch hinaus!« Einige lächeln über ihn, andere äußern sich skeptisch über sein Werk, es sei zu mächtig, zu schwierig – unmöglich! Und ausgerechnet er, Don Vincenzo, will der Vorsteher sein? Es gebe wohl Leute, die sich besser eignen.

Besonders der Titel *Gesellschaft des Katholischen Apostolates* stößt auf Kritik – er wird verboten. *Fromme Missionsgesellschaft* darf er heißen. Rund 150 Jahre wird es dauern, bis den pallottinischen Gemeinschaften im Jahr 1947 der ursprüngliche Name zurückgegeben wird.

Und heute müsste man ihn neu erfinden.

Zwei römische Priester werfen sich vielsagende Blicke zu, als sie Vinzenz über den Ponte Sisto kommen sehen, wie stets den Hut in der Hand. Scheinheilig grüßen sie ihn – und wenden sich sofort ab. In San Salvatore in Onda haben sie in der Kirche das Bild über dem Hochaltar gesehen, von Vinzenz in Auftrag gegeben. Vom Künstler Seraph Cesaretti ließ er es malen.

»Und das soll ein Pfingstbild sein?« Die beiden Priester sind entsetzt: »Maria und die Jünger, das hätte genügt! Hier aber stehen Frauen, von denen kein Wort in der Bibel steht!«

Vinzenz, das Bild spricht Bände. Du hast den Künstler genau instruiert: »Signore Cesaretti, malen Sie nicht nur die Jünger von damals, das wäre nicht genug. Der Geist muss über alle Menschen kommen, man soll es deutlich sehen! Zeichnen Sie ein paar Leute dazu, Maria in der Mitte, als *Regina apostolorum.* Sie ist Königin ohne ein kirchliches Amt! Wissen Sie, es sind nicht die kirchlichen Ämter, die zählen – wie kann man das malen? Zeichnen Sie Schlüssel als Symbole der Macht, die wie hingeworfen auf dem Boden liegen. Petrus, der sie auf vielen Bildern in den Händen hält, hat sie abgelegt, denn sie sind nun wirklich nicht das Wichtigste!«

Das Bild ist Programm geworden – zentral für Pallottis Idee und sein Werk. Es wird für alle pallottinischen Gemeinschaften bedeutsam bleiben – über seinen Tod hinaus.

Pfingstbild von Serafino Cesaretti

ET REPLETI SVNT OMNES
SPIRITV SANCTO

»NUN LASST MICH GEHEN!«

Am 14. Juli 1849 stellte der französische General Oudinot offiziell die Autorität des Papstes wieder her. Erst Monate später jedoch kehrte Papst Pius IX. nach Rom zurück. Damit waren die politischen Wogen keineswegs geglättet. Vinzenz versuchte mit seinen Gefährten, die soziale Not zu lindern, die in der letzten Zeit noch größer geworden war: Die Armut war unermesslich, es fehlte an allem. Wie früher stand er wieder an den Betten verwundeter Soldaten in Santo Spirito in Sassia. Aus welchem Lager sie stammten, war ihm egal. Römer und Franzosen – Freunde und Feinde – unterschied er nicht. Im Gegenteil: Einmal mehr bat er die Fürstin Borghese um finanzielle Hilfe, damit *Die ewigen Wahrheiten* von Alfons Liguori in die französische Sprache übersetzt werden konnten. »Prego, Signora«, schrieb er ihr eindringlich und ehrerbietig zugleich, »auch die Franzosen brauchen geistige Nahrung, die ich aus Ihren freigebigen Händen gerne an sie verteile.«

Viele Soldaten aber waren bereits sterbenskrank, sie brauchten keine Bücher mehr. Vinzenz konnte sie nur noch in den Tod begleiten.

Mit ungebrochenem Eifer packte er auch bald wieder andere Aufgaben an. In Velletri leitete er Schritte ein zur Gründung eines Waisenhauses – im ähnlichen Stil wie die Pia

Casa, um für die vielen Kinder ein Zuhause zu schaffen, die während der Revolution ihre Eltern verloren hatten. Die Eröffnung allerdings konnte er nicht mehr miterleben.

Eines Abends sitzt Vinzenz in Gedanken versunken an seinem Schreibtisch. Es ist früh dunkel geworden, der Winter steht vor der Tür. Er zündet die Lampe an und blättert in seinem Tagebuch.

Vinzenz, wir sind neugierig. Erlaube uns, dir über die Schultern zu schauen und mitzulesen:

Ich will Speise werden, um die Hungernden zu sättigen; Kleidung, um die Nackten zu bekleiden; Trank, um die Dürstenden zu tränken; stärkende Flüssigkeit, um den Magen der Schwachen zu kräftigen; weiche Federn, um für die müden Glieder der Ermatteten eine Ruhestatt zu bieten; Arznei und Gesundheit, um die Krankheit der Kranken, Lahmen, Verstümmelten, Tauben, Stummen usw. zu heilen; Licht, um die geistig und leiblich Blinden zu erleuchten …

Welch wunderbarer Text, den du in jungen Jahren geschrieben hast – gewiss einer der schönsten, den wir von dir kennen, voller Leuchtkraft und Leidenschaft! Und wer dein Leben nur ein wenig kennt, weiß: Was du hier schreibst, sind nicht nur Worte. Taten sind daraus geworden, dein unermüdlicher Einsatz spricht aus diesen Zeilen. Was du schreibst, hast du getan, du und andere, die du dafür gewinnen konntest.

Doch dann erschrecken wir. Denn an anderer Stelle heißt es: *Ich bin der Elendeste und noch mehr als das … Mein grenzenloses Elend, meine Unwissenheit, Blindheit und Gottlosigkeit besitzt*

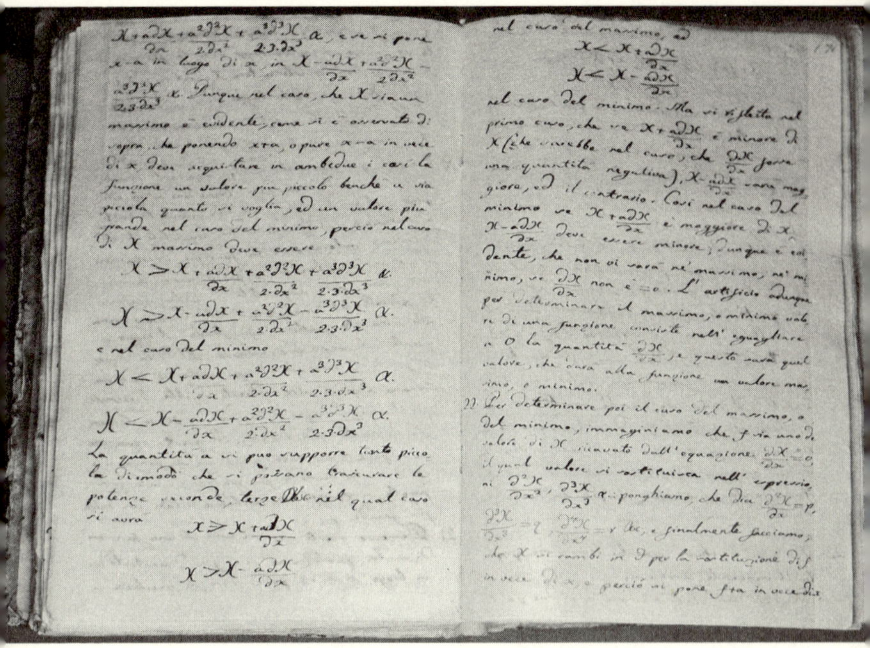

Vinzenz Pallottis Tagebuch

kein anderer weder in der Vergangenheit, noch in der Gegenwart, noch in der Zukunft; unter den vom Weibe Geborenen ist kein Elenderer als ich aufgestanden. Darum hungern die Menschen weiter. Sie frieren. An Leib und Seele sind sie verarmt. Sie wissen nicht einmal, wozu sie auf der Welt sind, weil ich unfähig war, Gott einzulassen in mein Herz, der alles Gute durch mich getan hätte!

Über Vinzenz' Schreibtisch hängt das Bild vom *Berg der Vollkommenheit* – von ihm selbst gemalt. In Anlehnung an eine Darstellung von Johannes vom Kreuz versuchte er, tugendhaftes Leben zu veranschaulichen. Es gilt, den schmalen Weg, der zum Leben führt, einzuschlagen. Aber Achtung: Nur die Liebe zählt! Wer glaubt, gute Werke anhäufen zu müssen, um sie am Schluss stolz zusammenzuzählen, liegt falsch. Eigenleistung ist hier nicht gefragt, sondern *liebende Hingabe*. An wen? An Gott natürlich, an wen denn sonst! Er wird den Menschen von sich selbst befreien, ihn gleichsam ausfüllen bis in den innersten Winkel. Dann ist er nicht mehr selbst am Werk, sondern Gott in ihm.

Alles klar? – Für uns ein fremdes, hohes Ideal, das viele von sich weisen oder über das sie lange nachdenken müssten. Sich selbst aufgeben, nur mit Gott verbunden sein, in allem ihn zum Zuge kommen lassen? Ganz von sich selbst entleert und bis zum Rande aufgefüllt mit ihm durchs Leben gehen! Wer kann das? Wer will es können? – Darüber, lieber Vinzenz, lass uns besser schweigen.

Sag, hattest du eigentlich auch ein Laster? Oder hast du dir wenigstens ab und zu etwas gegönnt, das Lust und Laune hob? – Tatsächlich, du sollst geschnupft haben. Immerhin! Im kleinen Museum in Salvatore in Onda, wo deine Habseligkeiten ausgestellt sind, findet man deine Schnupftabakdose – natürlich mit einem Madonnenbildchen darauf. Aber es zeigt doch, dass du Sinnesfreuden kanntest, und wir können nur hoffen, dass du sie hin und wieder genossen hast – von ganzem Herzen.

Vinzenz – noch immer am Schreibtisch sitzend – krallt die Finger ineinander. Er stößt das Tagebuch energisch zur Seite und lässt den Kopf in die Arme sinken.

Plötzlich schreckt er auf. Es ist stockdunkel im Zimmer, die Lampe ist erloschen. Hat ihn der Schlaf übermannt, noch bevor die Sonne unterging? Schon damals in Camaldoli geschah es manchmal, dass ihm der Boden unter den Füssen schwand, und dass nicht nur der Körper müde war. Die zermürbende *Trockenheit des Geistes* kam über ihn, ergriff ihn bis in den hintersten Winkel des Gemütes. An schlaflose Nächte erinnert er sich, in denen er sich auf dem Lager hin und her wälzte, kurz einnickte und sogleich wieder aufschreckte, schweißgebadet. Selbst Gebete erstarrten auf seinen Lippen, starben ab, bevor sie Worte fanden.

Jetzt schaut er auf die Uhr. Das Abendessen der Mitbrüder ist längst vorbei. Einmal mehr saßen sie ohne ihn am Tisch.

Vinzenz seufzt. Er streift die Schuhe ab und lässt sich erschöpft aufs Bett fallen.

Im Januar 1850 rüstete sich Vinzenz für die Dreikönigsoktav, die in Rom nicht mehr wegzudenken war. Es sollte seine letzte sein. Bei den Vorbereitungen, die Jahr für Jahr aufwändiger wurden, standen ihm seine Gefährten tatkräftig zur

Seite. Doch Vinzenz ließ es sich nicht nehmen, die italienische Einleitungspredigt und die Schlussansprache selbst zu halten.

»Vinzenz, willst du das wirklich tun? Wir können auch predigen! Du bist erkältet und gehörst ins Bett.«

Vinzenz ist entsetzt. Entschieden lehnt er es ab, sich zu schonen, der Husten sei eine Bagatelle. »Wo kämen wir hin, wenn wir wegen jeder Kleinigkeit schlapp machten!« – So kommt es, dass er zusätzlich zu den beiden Auftritten noch die Predigt am zweiten Abend übernimmt, weil der Priester, der sie hätte halten sollen, unerwartet ausfiel.

Du bist unverbesserlich! Bis zum letzten Atemzug zeigst du keine Einsicht, was deine Kräfte betrifft. Hast du nicht schon mehrmals erlebt, wie du an deine Grenzen kamst? Wir verstehen dich nicht! Predigen und Ansprachen halten können doch deine Freunde ebenso gut wie du. Aber nein! Du lässt dich nicht umstimmen. Die Dreikönigswoche ist dir hoch und heilig, um alles in der Welt willst du dort selbst zu den Leuten sprechen.

Gegen Abend – es wird bereits dunkel – macht sich Vinzenz auf den Weg nach Sant'Andrea della Valle. Es ist bitterkalt, scharf bläst ihm der Wind ins Gesicht, während er um die Ecke biegt. Er beschleunigt seine Schritte, tief vergräbt er die Hände in den Manteltaschen. Plötzlich bleibt er stehen. War da jemand? Er schaut sich um. Niemand ist da. Er will weitergehen, doch ein Hund läuft ihm vor die Füße. Wo ein Hund ist, ist meistens auch ein Mensch, sagt sich Vinzenz, und findet ihn auch. Dort an der kahlen Hauswand sitzt ein Bettler, dürftig bekleidet, schlotternd vor Kälte. Vinzenz überlegt nicht lange, zieht den Mantel aus, legt ihn dem Mann um die Schultern und setzt sich wieder in Bewegung – noch eiliger als zuvor.

Am 16. Januar ist er bei seinem Freund Giacomo Salvati zum Mittagessen eingeladen. Obwohl Vinzenz spät dran ist, steigt er auf dem Hinweg kurz in der Pia Casa ab. An diesem Haus kann er fast nie vorübergehen, es ist ihm immer lieber geworden. Im Flur kommt ihm ein Mädchen entgegen, eine Schachtel mit Dominosteinen im Arm.

»Don Vincenzo, spielst du mit mir? Bitte!«

»Heute nicht, aber morgen! Domani faremo il gioco!«

Für Vinzenz jedoch ist in den nächsten Tagen ein anderes Spiel angesagt.

Giacomo Salvati, seine Frau und die Kinder freuen sich auf den Gast, regelmäßig kehrt er bei ihnen ein. Doch diesmal erschrecken sie. »Vinzenz, um Himmels willen!«, sagt die Frau besorgt, als sie ihn unter der Tür empfängt, »komm an die Wärme!« Sie ahnt nichts Gutes. Seine Augen glänzen fiebrig, er zittert. In sich zusammengesunken sitzt er am Tisch, er atmet schwer.

»Du musst Suppe essen, Don Vincenzo!«, sagt das jüngste der Kinder, »dann wirst du stark!« –

»Und Tee trinken, viel Tee, das ist gesund!« – Der Kleine trägt die dampfende Kanne über die Schwelle, beinahe wäre er gestolpert. »Nicht warten, Don Vincenzo, bis er kalt ist, dann nützt er nichts mehr!« Vinzenz will ihm die schwere Last abnehmen, doch Frau Salvati kommt ihm zuvor.

»Du hast recht«, entgegnet Vinzenz und lächelt müde.

»Ihr meint es gut mit mir«, fügt er hinzu, kaum hörbar.

Von den aufgetischten Speisen rührt er keinen Bissen an. Plötzlich überfällt ihn ein Schüttelfrost. »Wir bringen dich heim«, sagt Giacomo, »ich bestelle eine Kutsche.« Das sei nicht nötig, entgegnet Vinzenz, er komme selbst nach Hause.

Man schenkt ihm kein Gehör.

Frau Salvati legt ihm einen Mantel ihres Mannes um und eine warme Decke darüber. Giacomo hilft ihm, die Kutsche zu besteigen, und setzt sich neben ihn. Gemeinsam fahren sie nach San Salvatore in Onda.

Die Mitbrüder rufen sofort den Hausarzt. Bevor er da ist, fällt Vinzenz in einen unruhigen Halbschlaf, schreckt aber sofort auf, als er ihn die Treppe hochkommen hört.

»Euer Meister hat eine schwere Brustfellentzündung, vielleicht ist auch die Lunge schon angeschlagen.« Er verordnet eine strenge Diät.

Da Vinzenz Pallotti eine öffentlich bekannte Person war, zog man weitere Ärzte hinzu, um die Diagnose zu sichern. Alle waren sich einig: Die Krankheit ist ernst. Der Patient wird sie kaum überleben. Trotzdem versuchten die Mediziner alles, um ihn zu retten. Ein Aderlass wurde vorgenommen, man setzte Blutegel an. Die Füße wurden mit scharfen Zugpflastern umwickelt.

Vinzenz lässt alles mit sich geschehen.

Er hat keine Kraft mehr, sich aufzulehnen.

Seine Erkrankung war in Kürze stadtbekannt. Von überallher kamen die Menschen nach San Salvatore in Onda, um für seine Genesung zu beten – zuerst einzelne, dann viele.

Auch Elisabetta Sanna war dabei.

»Wie geht es ihm?«, fragt sie Francesco Vaccari, der ihr am nächsten Tag unter dem Kirchenportal begegnet. »Besser!«, antwortet dieser, »merklich besser. Er hat gesagt, er werde das Bett bald verlassen.«

Elisabetta schaut ihn entgeistert an. Sie mag nicht glauben, was ihr der Mitbruder erzählt. »Ich fürchte, Sie verstehen nicht, was er meint«, entgegnet sie, »er verlässt das Bett, weil er es nicht ins Grab mitnehmen kann!«

Francesco Vaccari schüttelt den Kopf. Ach, diese Frauen!

Indessen verschlimmerte sich der Zustand des Kranken. Fieberkrämpfe schüttelten ihn, er atmete schwer.

»Was wird aus uns, wenn du gehst?« Francesco Vaccari fragt mit verzweifelter Stimme. »Wir brauchen dich, Vincenzo, die Gesellschaft ist verloren ohne dich.« – »Die Gesellschaft?« Vinzenz erhebt sich, als wolle er noch etwas Wichtiges sagen. »Ich bin bald nicht mehr dabei, das ist gewiss. Doch die Gesellschaft wird sich entfalten. *Das sage ich nicht, weil ich es glaube, sondern weil ich es weiß.*«

Die Freunde wichen nicht mehr von seinem Bett. »Wer benachrichtigt die Abwesenden?« Francesco sprach mit leiser Stimme, blickte fragend in die Runde. Paul de Geslin weilte in Frankreich, Raphael Melia in London. Vinzenz öffnete kurz die Augen, als ob er mitgehört hätte. Angelo Palombi, der Vinzenz in den letzten Tagen liebevoll pflegte, strich die Bettdecke glatt. Man sprach die Sterbegebete. Vinzenz betete hörbar mit. Am 22. Januar redete er nicht mehr viel. Er lag da, die Augen in die Ferne gerichtet, als wäre er bereits in einer andern Welt. Gegen Abend schien er zu fantasieren. Plötzlich richtete er sich auf und sagte ungewohnt laut: »Bitte, lasst mich gehen!« Er wiederholte diese Worte, es waren seine letzten.

Wenige Minuten später hörte er auf zu atmen.

Es war kurz vor zehn Uhr in der Nacht.

Am nächsten Morgen wurde sein Leichnam in der Kirche San Salvatore in Onda aufgebahrt. Zwei Kerzen brannten: eine auf Kopfhöhe, die andere zu Füßen. In den Straßen und Gassen verbreitete sich die Nachricht rasant:

»E morto un Santo!« Es ging von Mund zu Mund.

Ganz Rom fiel in Trauer.

Unter dem Fußboden im linken Kirchenschiff wurde Vinzenz Pallotti feierlich beigesetzt. Weltliche und kirchliche Würdenträger waren dabei – und so viele Menschen aus allen Schichten der Bevölkerung, dass sie die Kirche längst nicht fassen konnte. Noch einmal kamen Handwerker und Fürsten, Arme und Reiche, Kinder und Alte in seinem Namen zusammen. Die einfache Inschrift seitlich an der Wand erinnert bis heute an den Toten: *Hier ruht der Leib des Dieners Gottes Vinzenz Pallotti, römischer Priester und Gründer der Genossenschaft vom Katholischen Apostolat. Er starb in diesem heiligen Heim am 22. Januar 1850 im Alter von 54 Jahren, neun Monaten und einem Tag.*

In einer römischen Zeitung, die kurze Zeit später erschien, wurde ein Nachruf veröffentlicht: Vinzenz Pallottis Barmherzigkeit sei echt, wohltätig und universal gewesen, sein

Eifer feurig. Ausgezehrt von Buße, entkräftet von häufigen Krankheiten und von Natur aus schmächtig sei er stets eilig seines Weges gegangen. Er habe gefährdete junge Mädchen gerettet und sei Vater für viele Waisen geworden. Auch habe er sich Häftlingen zugewandt und jenen, die zum Tod verurteilt waren. Aber auch bei den Einflussreichen sei er gern gesehen gewesen, nur selten habe man seine Gesuche abgelehnt. – Schlussendlich lässt der Berichterstatter keinen Zweifel darüber offen, dass Vinzenz Pallotti sich allzu sehr verausgabt hatte und dass die tödliche Krankheit eine Folge allzu großer Anstrengung war.

In den folgenden Tagen kamen Menschen von nah und fern nach San Salvatore in Onda, um das Grab von Vinzenz Pallotti zu besuchen. Sie legten Blumen auf die Grabplatte nieder und verharrten schweigend vor der Ruhestätte.

Francesco Vaccari steht im Hintergrund, in Gedanken versunken.

Wie geht es weiter?

Was soll aus uns werden?

Er, der nun die Gemeinschaft leiten soll, spürt die ganze Last auf seinen Schultern. Gemeinschaft? Er zweifelt daran, ob die *kleine Herde*, die zurückbleibt, den Namen verdient. Was Vinzenz ins Leben gerufen hat, war ein kleiner Anfang von dem, was er im Sinn hatte. Damals in Camaldoli, in der Stille des Klosters, entwarf er große Pläne. Doch zur Verwirklichung war es noch längst nicht gekommen. Sollte nun er, Francesco, auf sichere Füße stellen, was kaum entstanden war? Vinzenz hatte sich in den letzten Jahren so viel Arbeit aufgebürdet, jedem Bedürftigen war er nachgerannt, Sterbende in den hintersten Stadtvierteln hatte er besucht, endlos viel Zeit hinter Gittern bei den Gefangenen verbracht. Hätte er besser das Konzept ausgearbeitet, die Satzung für das Werk zu Ende geschrieben!

Francesco dreht sich um, verlässt missmutig die Kirche und betritt das Wohnhaus. Wortlos sitzen die Freunde am Tisch, rund um den leer gewordenen Platz.

»Ich will in einem richtigen Kloster leben«, meint Angelo Palombi, »ich werde in den Zisterzienserorden eintreten.«

»Ich trete aus«, sagt Paul de Geslin, der einige Zeit später in Rom eintrifft, »ich bleibe in Frankreich, in meiner Heimat.« – In Paris wurde er ein berühmter Prediger.

Francesco Vaccari weiß beim besten Willen nicht, wie er die kleine Schar der Hinterbliebenen zusammenhalten könnte.

Auch außerhalb der Wohngemeinschaft zogen sich viele Menschen zurück, die Vinzenz für soziale Werke gewonnen hatte. Die persönliche Beziehung zu ihm war ihr Antrieb, für ihn taten sie alles.

Nun war er tot.

Die Gründung von Vinzenz Pallotti schien im Sand zu verlaufen. Die Zugehörigkeit zu seinem Werk war für die wenigen Mitglieder völlig ungesichert. Ohne verbindliche Strukturen und Regelungen lebten sie zusammen und versuchten zu tun, was sie schon gemeinsam mit ihrem verstorbenen Meister getan hatten: Sie halfen spontan, wo Not war, verteilten Kleidungsstücke und Nahrungsmittel.

Wer keine Bleibe hatte, wandte sich an sie, wer im Sterben lag, konnte sie rufen.

Erst rund 20 Jahre nach Pallottis Tod nahm die Gesellschaft einen markanten Aufschwung, als Don Giuseppe Faà di Bruno Niederlassungen in Nordamerika und Brasilien ins Leben rief. Weltweit wuchs die Mitgliederzahl. Kerngruppen entstanden in Irland, Argentinien und Chile, Südafrika und Australien. Zu Beginn des 20. Jahrhunderts wurde die Gesellschaft in Provinzen eingeteilt – eine davon mit Sitz in Deutschland. Seit 1947 gibt es offiziell auch eine Schweizer Provinz in Gossau SG.

Heute wirken sie in weiten Teilen der Welt, die *Pallottiner* und *Pallottinerinnen*, deren Namensbezeichnung an den Gründer erinnert. Auch San Salvatore in Onda lebt nach wie vor: Im dortigen *Generalat* gehen die *Pallottiner* ein und aus wie damals Vinzenz und seine Gefährten – im selben Wohnhaus neben der Kirche, das im Verlauf der Zeit nur geringfügig umgebaut worden ist.

Im Jahr 1906 wurde Vinzenz Pallottis Leichnam ans Tageslicht gehoben – nahezu unverwest. Sein Gesicht erschien ähnlich wie auf Bildern, die von ihm gemalt wurden. Eine

zweite Exhumierung Ende 1949 zeigte den Leichnam *in einem Zustand teilweiser Mumifizierung*, dunkel gefärbt, aber intakt. Am 16. Januar 1950 wurde er *in seinen Formen von einem Netz aus versilbertem Messing modelliert*.

So liegst du seither in einem gläsernen Sarg unter dem Hauptaltar der Kirche San Salvatore in Onda, für alle sichtbar. Den

Hochaltar von San Salvatore in Onda mit dem gläsernen Sarkophag Vinzenz Pallottis

A. D. MDCCCLXXVIII

Kopf leicht zur Seite geneigt und mit offenen Armen, als wolltest du gleich wieder zugreifen, falls nötig. Zu tun gäbe es allerdings! Denn was du begonnen hast, ist heute keineswegs vollendet. Viel Mut und Tatkraft wären nötig, um im 21. Jahrhundert deine Vision voranzutreiben – in zeitgemäßer Art und Weise.

Wer die Grabstätte von Vinzenz Pallotti besucht, muss sich nicht durch einen großen Rummel kämpfen. Souvenirläden, in denen Bildchen und Andenken an ihn feilgeboten werden, sucht man vergebens. Unauffällig, wie er war, bleibt er der Nachwelt erhalten. Man findet ihn dort, wo er immer gelebt hat: Selbst als Toter liegt er mitten in dem Stadtteil, in dem er geboren wurde und gewirkt hat.

Weit bist du nicht gekommen –
und hast es trotzdem weit gebracht.

DANK

»Wer Vinzenz Pallotti kennenlernen will, muss unbedingt nach Rom reisen, durch die schmalen Gassen gehen, durch die er geeilt ist, und die großen Kirchen besuchen, in denen er wirkte.« – P. Adrian Willi, der Provinzial der Schweizer Pallottiner, sprach mit Nachdruck, als er mich anfragte, das vorliegende Lebensbild zu schreiben. Ihm danke ich herzlich für das Vertrauen. Es ist nicht selbstverständlich, für dieses Projekt eine »Außenstehende« zu beauftragen – eine fast ahnungslose Frau. »Ich werde dein Handlanger sein«, sagte er, »und helfe, wo ich kann.« Doch er tat mehr. Er war Motivator und Unterstützer, er öffnete mir Tür und Tor für Daten und Quellen. Im Sommer 2010 reisten wir nach Rom, zusammen mit dem Fotografen Michael Meier, der uns mit wachem Auge begleitete. »Ihr geht zu schnell«, hat er manchmal gesagt, »ihr lauft am Schönen vorbei.« Recht hatte er. Jedenfalls schuf er Bilder für dieses Buch, die beeindrucken.

In Rom hatte ich Gelegenheit, im Generalat der Pallottiner ausgewiesenen Pallotti-Kennern zu begegnen. Insbesondere P. Zenon Hanas und P. Stanisław Stawicki haben wichtige Informationen geliefert und uns an Orte geführt, die für Vinzenz Pallotti bedeutsam waren. Am meisten profitierte ich von P. Jan Kupka, der im Pallotti-Institut akribisch erforscht und sorgfältig ordnet, was Vinzenz Pallotti hinterlassen hat: Briefe, Handzettel, Satzungen. P. Jan kennt jedes Detail und hat während der Entstehung des Manuskriptes in vielen Mails meine offenen Fragen beantwortet. Ihm danke ich besonders herzlich. Auch die Pallottinerin Schwester Adelheid Scheloske lieferte sachdienliche Informationen, und P. Frederick Bigler übersetzte den Nachruf – herzlichen Dank!

Viele Personen haben sich bereiterklärt, das Manuskript zu lesen, bevor es in Druck ging. Ihnen danke ich für substanzielle Rückmeldungen und wertvolle Hinweise: Andreas Baumeister, P. Frederick Bigler, Michael Felder, Anna Maria und Othmar Fries, P. Andy Givel, Claire und Arnold Guntern, Pia und Albert Reichlin, Debora und Florian Reichmuth-Merz, P. Erich Schädler, Hans-Ruedi Schärer, Christoph Walser, P. Adrian Willi. Interessant waren vor allem die Echos von jenen, die Vinzenz Pallotti zuvor überhaupt nicht gekannt haben!

Nicht zuletzt geht mein Dank an die Mitarbeitenden im Kösel-Verlag, die aus toten Buchstaben ein lebendiges Buch gemacht haben. Michael Kötzel hat als Programmleiter Religion/Spiritualität den ganzen Entstehungsprozess von Anfang bis Schluss mit Umsicht und Sorgfalt begleitet. Die Wertschätzung für meine Arbeit war jederzeit spürbar. Sie bedeutet mir viel.

Vreni Merz

EPILOG

Die Lebenszeit Vinzenz Pallottis (1795–1850) ist hineingestellt in große politische, gesellschaftliche, wirtschaftliche, wissenschaftliche und kirchliche Umwälzungen, zwischen Morgenröte der Französischen Revolution und Vorabend der »Gott ist tot«-Idee. In den Augen der römischen Revolutionäre galt er als reaktionär, in den Augen der römischen Kirchenleitung als revolutionär. Wer war Vinzenz Pallotti und warum ist sein Leben von solcher Bedeutung, dass ihn die Kirche im Jahre 1963, 113 Jahre nach seinem Tod, zum Beginn des Zweiten Vatikanischen Konzils heiliggesprochen hat?

Tatsächlich geben der Zeitpunkt der Heiligsprechung und die lange Zeitdauer bis zur Heiligsprechung einen interessanteren Aufschluss über sein Leben, als die vielen, frommen Biografien, die allzu oft ihre eigenen, zeitbedingten Vorstellungen eines heiligen Lebens über diese Persönlichkeit gestülpt haben.

Kann man ein Kämpfer sein, ohne sich gleichzeitig mit Gegnern anzulegen? Kann man ein Aktivist sein, ohne das Gebet zu vernachlässigen? Kann man seiner Zeit voraus sein, ohne die naheliegenden Herausforderungen zu übersehen? Kann man Farbe bekennen, ohne Misstrauen und Missverständnisse riskieren zu wollen? Solche Spannbreiten umfasst das Leben von Vinzenz Pallotti.

Die kirchlichen Repräsentanten seiner Zeit waren weit entfernt etwa von der Idee, dass dem Weltlichen eine gewisse Autonomie zukommen kann. Die Französische Revolution und ihre Ideen – Freiheit, Gleichheit und Brüderlichkeit – konnten unter dem Eindruck des zusammenfallenden Kirchenstaates für viele nur vom Teufel sein. Die Krise hatte ihre negativen Folgen auf den Klerus, der, »veramtet« und auf Privilegien besonnen, oft genug »seine Herde« im Stich ließ.

Oft hört man die Meinung, Heilige seien die Antwort Gottes auf die Not ihrer Zeit. Es braucht nicht vertiefte Kenntnisse der Kirchengeschichte, um diese These etwa an Benedikt von Nursia (um 480–547), Hildegard von Bingen (1098–1179) oder Franz von Assisi (um 1181–1226) zu bewahrheiten. Nur allmählich und unspektakulär verborgen in seinem Wirken zeigt sich, dass sie auch für Vinzenz Pallotti zutrifft.

Die Not seiner Zeit könnte man mit dem Begriff »Verweltlichung« umschreiben. Die Antwort von Vinzenz Pallotti bestand nicht in der Ablehnung der Welt, sondern in der Weltzugewandtheit. Die Welt selbst erzählt von Gott und der Mensch selbst, als Subjekt des Glaubens, lässt mit seiner Verantwortung, mit seinem Willen, seiner Liebe, seiner Hoffnung und seinem Glauben »den Gott der unendlichen Liebe« sozusagen empirisch erfahrbar werden. Der wahre Gottesbeweis ist der Mensch selbst.

Diese Entdeckung ist die Grundlage seiner eigentlichen Idee: Alle sollen Apostel sein, alle können auf unterschiedliche aber gleichwertige Art und Weise den Glauben verkünden. Es soll ein Ruck durch die Kirche gehen, eine Bewegung, die alle Getauften erfasst. Damit hat Vinzenz Pallotti nicht nur Ideen zur Erneuerung des besonderen Priestertums entwickelt, sondern das Potenzial der Laien entdeckt, die Kraft des gemeinsamen Priestertums aller Gläubigen! 80 Jahre später wird ihn Papst Pius XI. (1857–1939) deswegen als Visionär der »Katholischen Aktion« bezeichnen, denn erst dieser Papst erklärte, dass auch die Laien am hierarchischen Apostolat der Kirche Anteil haben und Mitverantwortung tragen.

Aber Vinzenz Pallotti wollte die Laien nicht für die Wiedergewinnung wichtiger Positionen in Politik, Wirtschaft, Wissenschaft und Kultur instrumentalisieren, wie das heute bei reaktionären und rechtskatholischen Gruppierungen wieder in Mode gekommen ist. Er erkannte in seiner Idee eine pfingstliche Kirche, in welcher der Geist Gottes selbst die Unterschiede von Klerus und Laien, Frauen und Männern, ja sogar von jeglicher Spaltung, auch der Kirche, zu versöhnen und zu verbinden weiß, und darin seine Kraft entfaltet, das Angesicht der Erde zu erneuern.

Hier liegt wohl der eigentliche Grund dafür, dass es bis zur Heiligsprechung über 100 Jahre dauerte. Apostel sein war etwas, das die kirchliche Hierarchie ausschließlich für sich beanspruchte. Zwar gab Papst Pius IX. (1792–1878) der Gesellschaft einen kirchenrechtlichen Status, aber sie durfte bis 1947 ihren eigentlichen Namen, nämlich »Katholisches Apostolat«, nicht tragen. Nomen est omen! Tatsächlich brauchten die Pallottiner selbst sehr lange, ihre eigentliche, von Vinzenz Pallotti zugedachte Rolle zu erkennen und nach Kräften zu verwirklichen. Geholfen haben ihnen dabei ganz wesentlich das Zweite Vatikanische Konzil und die Anerkennung des Heiligen durch Papst Johannes XXIII. (1881–1963).

Vinzenz Pallotti selbst trägt in einem gewissen Sinne auch Schuld an dieser zögerlichen Entwicklung seines Gedankengutes: In seinen Schriften finden wir mehr Offenheit und Interpretationsspielraum als klare Konzepte, Strukturen und Organigramme. Was sich aber wie ein roter Faden durch alles zieht, ist die unerschütterliche Überzeugung, dass alle berufen sind, am Erlösungswerk Jesu Christi nicht nur teilzuhaben, sondern auch teilzunehmen und am Kommen des Reiches Gottes mitzuarbeiten.

Heute würden wir vielleicht sagen: Alle Christinnen und Christen sollen Seelsorgerinnen und Seelsorger werden, Frauen, Männer, Kinder, Gesunde, Kranke, Kleriker und Laien. Um es mit den Worten von Vinzenz Pallotti auszudrücken: »Die wichtigste Angelegenheit, die es in der Welt überhaupt geben kann, ist die Rettung einer Seele« (Opusculum über das Katholische Apostolat 1838, Dok. XXIb).

Für diese Überzeugung steht sein Wirken und Handeln. Rein äußerlich betrachtet fehlt ihm eine erkennbare Strategie. Er kümmerte sich bis zur Erschöpfung um das Naheliegende, Probleme zu lösen, hatte für ihn Vorrang. Wir würden heute wohl anmahnen, dass bei aller Aktivität die Nachhaltigkeit richtungsweisend sein muss. Erst auf den zweiten Blick fällt auf, dass Vinzenz Pallotti nach einer inneren Logik vorging.

Man kann nur staunen, wie viele Beziehungen über alle sozialen Schichten er unterhielt. Diese sozialen Beziehungen erlaubten ihm, für fast jedes Problem eine Adresse abzurufen und auf unbürokratische Weise Hilfe zu leisten. Im Zusammenhang mit dieser Begabung steht auch seine Überzeugung, dass Zusammenarbeit wohl die gottgefälligste Art von Apostel-Sein sein müsse. Er verließ sich denn auch fast unbekümmert darauf, dass seine unzähligen Initiativen eine fruchtbare Zusammenarbeit auslösen würden, und fragte nicht danach, wie viel seine eigene menschliche Kraft vertragen oder vermögen würde.

»Politik und Mystik« war ein bemerkenswerter Slogan der Theologie der Befreiung. Ein tiefes, mystisches Leben hat Vinzenz Pallotti vor Vereinseitigung bewahrt. »Aus mir kann ich nichts. Mit Gott kann ich alles!« (OC VIII, 367). Darum trachtete er in vielen seiner Texte mit großer Sehnsucht danach, sich von Gott verwandeln zu lassen, christusähnlich zu werden. Christus solle sich gleichsam erneut im Menschen inkarnieren. Aber der Gott der Liebe wartet auf die freie Hinwendung, auf das freie Ja des Menschen. Hier sah Vinzenz Pallotti deutlicher und schmerzlicher die Zerrissenheit des Menschen. Alles, was ich zum Heil brauche, bekomme ich von Gott – aber ich weigere mich, es anzunehmen. In diesen Abgrund der möglichen Verfehlung des eigentlichen Zieles des Menschen sah er wohl deutlicher, als wir gewöhnlichen Menschen.

»Weit bist du nicht gekommen – und hast es trotzdem weit gebracht.« Vreni Merz hat mit diesem Satz das Lebensbild von Vinzenz Pallotti zu Ende gebracht. Es sollte ihr letztes Werk sein, denn im Oktober 2011 erlag sie einer heimtückischen Krebskrankheit.

Es ist bemerkenswert, mit welcher Unvoreingenommenheit sie sich an die Person Vinzenz Pallotti herangewagt hat. Gerade dies war so wichtig, um das Liebenswerte und Bestaunenswerte dieser Persönlichkeit zu entdecken. Man muss, wie wir es getan haben, auf seinen Spuren in Rom wandeln, die Freundlichkeit der einfachen Menschen in der Hektik der Großstadt entdecken, die liebevoll dekorierten Winkel zu Ehren der Mutter Gottes oder der Heiligen neben der gewaltigen Architektur sehen und die schattigen Plätze kennen, die verschont vom Tourismus Raum für das Menschliche bieten.

Überall dort hat Vreni Merz den römischen Heiligen angetroffen. So ist ihr letztes Werk geprägt von Bewunderung und Liebe für einen Menschen, dem der Heiligenschein die Ecken und Kanten nicht geschliffen hat. Darum kann Vinzenz Pallotti eine Herausforderung sein für alle, die in der Liebe zu Gott und seiner Kirche trotz Fragen und Leiden wachsen wollen.

Adrian Willi

Gossau, 25. März 2012

ZEITTAFEL

1789 Die Französische Revolution bricht aus: Am 14. Juli wird in Paris die Bastille gestürmt.

1790 Vinzenz Pallottis Eltern, Pietro Paulo Pallotti und Maria Maddalena de Rossi, geben sich das Ja-Wort.

1795 Am 21. April kommt Vinzenz Pallotti in Rom an der Via del Pellegrino Nr. 130 zur Welt. Er ist das dritte von zehn Kindern.

1803 In Regensburg wird der Reichsdeputationshauptschluss verabschiedet. In der Folge werden im Heiligen Römischen Reich alle Kirchengüter säkularisiert.

1805 Napoleon wird König von Italien. Die Krönungsfeier findet am 26. Mai in Mailand statt.

1806 Napoleon siegt und siegt: Er zieht in Mainz, Berlin und Warschau ein.
Das Heilige Römische Reich Deutscher Nation wird aufgelöst.

1807 Vinzenz Pallotti schließt die Volks- und Grammatikschule ab und tritt ins Gymnasium am Römischen Kolleg ein.

1808 Papst Pius VII. wird gefangen genommen. Er wird ins Exil verbracht.

1809 Napoleon annektiert die päpstlichen Territorien.
Der Kirchenstaat zerfällt.
Napoleon wird 40 Jahre alt. Auch in Rom wird sein Geburtstag gefeiert – mit einem großen Volksfest.

1810 Am 17. Februar annektiert Frankreich die Stadt Rom.
Napoleons Macht wächst und wächst.

1814	Napoleons Glanzzeit geht zu Ende. Am 2. April wird er vom französischen Senat abgesetzt. Der Papst kehrt aus der Gefangenschaft zurück. Am 24. Mai zieht Pius VII. in Rom ein. Vinzenz Pallotti beginnt sein Studium. Er belegt Philosophie und Theologie an der Universität Sapienza.
1814/ 1815	Der Wiener Kongress tagt. Der Kirchenstaat wird wiederhergestellt.
1818	Am 16. Mai wird Vinzenz Pallotti zum Priester geweiht. Die Feierlichkeiten finden in der Lateranbasilika statt. Vinzenz Pallotti schließt seine Studien ab: Am 15. Juli wird ihm die Doktorwürde in Philosophie und Theologie verliehen.
1819	Vinzenz Pallotti wird Repetitor an der Hochschule Sapienza. Er übt dieses Amt bis 1829 aus.
1827	Vinzenz Pallotti wird Spiritual am Römischen Seminar. Er betreut dort die angehenden Priester.
1834	Vinzenz Pallotti übernimmt das Amt des Rektors von Spirito Santo. Er wird Vorsteher der neapolitanischen Nationalkirche.
1835	Am 9. Januar fasst Vinzenz Pallotti den entscheidenden Entschluss: Er will eine weltumspannende Vereinigung gründen. Am 11. Juli bekommt Vinzenz Pallotti offiziell den päpstlichen Segen für seine Gründung: Gregor XVI. heißt die Vereinigung gut. Er wird mit der geistlichen Leitung des Propaganda-Kollegs beauftragt und betreut Missionare aus weiten Teilen der Welt. Vinzenz Pallotti bezieht im Anbau der Kirche Spirito Santo ein Zimmer. Dort empfängt er Gäste aus dem In- und Ausland.

1836 Vinzenz Pallotti ruft die erste feierliche Dreikönigswoche aus. Sie findet in der Kirche Spirito Santo dei Napoletani statt.

1837 Der *Lyoner Verein zur Verbreitung des Glaubens* verlegt seinen Sitz nach Rom. Er konkurriert mit der Gründung von Vinzenz Pallotti.
Rom wird von einer gewaltigen Cholera-Epidemie heimgesucht. Mehr als 5 000 Menschen sterben.
Vinzenz Pallottis Vater stirbt 89-jährig. Vinzenz zieht aus dem Elternhaus um in den Anbau der Kirche Spirito Santo.

1838 Am 28. Juli verfügt Papst Gregor XVI. die Aufhebung von Vinzenz Pallottis Vereinigung. Ihre Mitglieder sollen dem *Lyoner Verein* beitreten.
Am 30. Juli erteilt Papst Gregor XVI. erneut seine Zustimmung. Vinzenz Pallotti kann seine Vereinigung weiterführen.

1839 Vinzenz Pallotti bricht zusammen. Er nimmt eine Auszeit in Camaldoli, einem beschaulichen Kloster außerhalb der Stadt.

1844 Vinzenz Pallotti wird Seelsorger im Militärspital Cento Preti. Er betreut dort zusammen mit seinen Mitbrüdern verwundete Soldaten.
Vinzenz Pallotti bekommt neue Räume für seine Gemeinschaft in San Salvatore in Onda. Die aufwändige Restauration wird erst nach seinem Tod vollständig abgeschlossen.

1846 Kirche und Wohnhaus sind einigermaßen saniert.
Nach der Dreikönigswoche ziehen Vinzenz Pallotti und seine Gefährten in San Salvatore in Onda ein.

1848 Im Frühjahr beginnen Aufstände in Neapel, in der Toskana, im Piemont, in Venedig und Mailand. Das Königreich Piemont-Sardinien erklärt Österreich den Krieg.
Papst Pius IX. flieht vor der Revolution nach Gaeta.

1849 Im Frühling zettelt Piemont erneut Krieg gegen Österreich an. In Rom wird eine Republik ausgerufen, Mazzini wird einer ihrer Anführer.
Anfang des Jahres flüchtet Vinzenz Pallotti aus San Salvatore in Onda und taucht im Irischen Kolleg unter.
Die Franzosen erobern Rom gegen den Widerstand Giuseppe Garibaldis. Eine französische Garnison bleibt in der Stadt.
Der Kirchenstaat wird erneut ausgerufen. Die politische Herrschaft der römisch-katholischen Kirche ist pro forma wiederhergestellt.
Im Frühsommer werden die Waffen niedergelegt. Vinzenz Pallotti kehrt nach San Salvatore in Onda zurück.

1850 Am 22. Januar stirbt Vinzenz Pallotti im Alter von 54 Jahren.
Der Papst kehrt zurück: Am 12. April wird Pius IX. in Rom festlich empfangen.

1853 Der ursprüngliche Name von Vinzenz Pallottis Gründung wird verboten. Bis zur Mitte des 20. Jahrhunderts muss sie sich *Fromme Missionsgesellschaft* nennen.

1867 Im November kehren die französischen Truppen in den Kirchenstaat zurück. Garibaldi erleidet vor den Toren Roms eine Niederlage.

1869/1870 In Rom findet das Erste Vatikanische Konzil statt.

1870 Im Sommer zieht sich Frankreich nach der Kriegserklärung gegen Preußen als Schutzmacht des Kirchenstaates zurück. Italien nutzt die Gelegenheit und annektiert den Kirchenstaat.
Italienische Truppen marschieren am 20. September durch die Porta Pia in Rom ein. Der Kirchenstaat wird endgültig aufgehoben.

1933 Papst Pius XI. erklärt *die Mitarbeit und Teilhabe der Laien am hierarchischen Apostolat der Kirche* als notwendig. Mehr als 80 Jahre nach Vinzenz Pallottis Tod findet seine Idee offiziell Anerkennung.

1947 Die von Vinzenz Pallotti gegründete Gesellschaft darf den ursprünglichen Titel wieder annehmen: Seither heißt sie *Societas Apostolatus Catholici* (SAC).

1962–1965 In Rom findet das Zweite Vatikanische Konzil statt. Vinzenz Pallottis Vision von einem vollwertigen Engagement der Laien in der Kirche wird durch seine Heiligsprechung am 20. Januar 1963 offiziell anerkannt und gewürdigt.

GLOSSAR

Brevier vorgegebene tägliche Gebete der Priester und Ordensleute

Exerzitien Besinnungstage mit Vorträgen, religiösen Übungen, Gebet und Betrachtung

Generalat Zentrale einer Kongregation oder einer Ordensgemeinschaft

Konzil beschlussfähige Versammlung von hohen geistlichen Würdenträgern aus aller Welt

Liturgie Oberbegriff für Gottesdienste aller Art, für sämtliche religiöse Riten und Zeremonien

Marianisches Offizium regelmäßig wiederkehrendes Stundengebet zu Ehren von Maria

Paramente Gewänder, die Priester und Ministranten bei der Messfeier tragen

Pontifikat Amtszeit eines Papstes

Prälat hoher geistlicher Würdenträger

Priesterseminar Ausbildungsstätte für angehende Priester

Primiz erste Messfeier eines neu geweihten Priesters

Rosenkranz strukturiertes Gebet mit wiederkehrenden Elementen unter Verwendung der gleichnamigen Gebetskette

Spiritual geistlicher Begleiter, vor allem von Ordensleuten und (angehenden) Priestern

Stundengebet Gebete, die von Priestern und Ordensleuten zu bestimmten Tageszeiten zu verrichten sind

Tabernakel meist kunstvoll gestalteter kleiner Schrank in katholischen Kirchen zur Aufbewahrung von geweihten Hostien

Tedeum feierlicher lateinischer Lob-, Dank- und Bittgesang

Totenoffizium spezifische Stundengebete für Verstorbene

VERZEICHNIS DER ABBILDUNGEN

Seite 8 Rechts des Tibers, unweit des Vatikans, liegt der Stadtteil Regola. Hier wurde Vinzenz Pallotti 1795 geboren, hier lebte und wirkte er. Blick vom Dach des Generalats der Pallottiner an der Piazza San Vincenzo Pallotti. Im Hintergrund ist die Kuppel des Petersdoms zu sehen.

Seite 18 Bildnis Giacomo Salvatis (1779–1858), römischer Kaufmann und einer der treuesten Wegbegleiter von Vinzenz Pallotti.

Seite 23 Gründungsfeierlichkeiten für das Mädchenwohnheim »Pia Casa di Carità«. Der Festumzug wird angeführt vom Ehepaar Salvati, das maßgeblich beteiligt war an der Gründung und Finanzierung des Hauses, gefolgt von Vinzenz Pallotti und den künftigen Bewohnerinnen im Sonntagsstaat.

Seite 29 Versammlungsprotokoll vom 14. Juli 1835 mit dem Beschluss, das Buch »Ewige Wahrheiten« von Alfons von Liguori ins Arabische übersetzen zu lassen. Es ist gleichzeitig eine Art Gründungsurkunde der *Gesellschaft des Katholischen Apostolates*, der Gemeinschaft, die Vinzenz Pallotti seit Langem vorschwebte, um das Engagement für Menschen in Not *auf ein gemeinsames Ziel* hin zu ordnen.

Seite 39 Der Ponte Sisto. Über diese steinerne Brücke, die im 15. Jahrhundert erbaut wurde und die beiden Stadtteile Trastevere und Regola verbindet, ist Vinzenz Pallotti oft gegangen. Sie wurde nach Papst Sixtus IV. benannt, der den Bau anlässlich des Heiligen Jahres 1475 in Auftrag gab.

Seite 54 Eine Federzeichnung von Vinzenz Pallotti selbst angefertigt, die seinen Vater darstellt. Unter der Zeichnung hat er handschriftlich notiert: »Bildnis meines ausgezeichneten Vaters Pietro Paolo, gestorben etwa zur 15. Stunde am Tag des 15. September, des Jahres 1837, mit ungefähr 89 Jahren …«

Seite 83 Vinzenz Pallotti mit dem Reliquienkästchen in der Hand vor dem Kreuz. In dem aufgeschlagenen Buch ist der Leitsatz der »Pia Società delle Missione« und der Pallottiner heute zu lesen: »Caritas Christi urget nos« – »Die Liebe Christi drängt uns«.

Seite 90 Das Kloster Camaldoli liegt in der Nähe von Frascati.

Seite 112 Als Gefängnisseelsorger lernte Vinzenz Pallotti die Verhältnisse in römischen Gefängnissen kennen. Im 19. Jahrhundert stand allein die Bestrafung eines Vergehens im Zentrum des Justizvollzugs, nicht das Bemühen um eine Wiedereingliederung der Straftäter in die Gesellschaft; dies führte zu zum Teil unzumutbaren Zuständen in den Gefängnissen – für die Insassen und auch das Personal.

Seite 121 Il bambino – das Jesuskind, das Vinzenz Pallotti bei der Dreikönigsoktav den Gläubigen präsentierte. Heute ist es in San Salvatore in Onda ausgestellt und noch immer küssen oder berühren Gläubige den Fuß der Figur in der Hoffnung auf Vergebung ihrer Sünden.

Seite 125 Vinzenz Pallotti war unermüdlich zu Fuß unterwegs, um zu den Menschen zu gehen und ihnen das Evangelium zu bringen. Dies symbolisiert ein Paar Schuhe, das Vinzenz Pallotti getragen hat und das heute in dem Museum in seinen ehemaligen Wohnräumen in San Salvatore in Onda aufbewahrt wird.

Seite 130 Das Gemälde zeigt Vinzenz Pallotti, der das S. Bambino in den Händen hält, um es den Gläubigen zu präsentieren. Im Hintergrund ist die Krippe mit den lebensgroßen Figuren zu sehen, die Vinzenz Pallotti für die Dreikönigsoktav anfertigen ließ und die in Teilen bis heute in der Weihnachtswoche vor dem Petersdom aufgestellt wird.

Seite 132 Die Kirche San Salvatore in Onda ist bis heute die Mutterkirche der Pallottiner.

Seite 135 Der Innenraum der Kirche San Salvatore in Onda mit Blick auf den Hauptaltar und den gläsernen Sarkophag Vinzenz Pallottis. Aufgrund der zahlreichen Umbauten und Renovierungen ist von der mittelalterlichen Bausubstanz der Kirche nicht viel mehr erhalten als die Krypta, die vermutlich aus dem 8. Jahrhundert n. Chr. stammt. Die Kirche wurde im 12. Jahrhundert erstmals urkundlich erwähnt. Seit dem 15. Jahrhundert stand sie unter der Obhut von franziskanischen Mönchen, bevor sie 1844 Vinzenz Pallotti und seiner Gemeinschaft übergeben wurde.

Seite 137 Über der Tür zu Vinzenz Pallottis Zimmer hängt das Bildnis seines Vaters von einem unbekannten Künstler gemalt.

Seite 141 Ansichten von Vinzenz Pallottis Zimmer. Links sein Bett, die Wände zieren zahlreiche Heiligenbilder und Statuen. Die Darstellung des Kalvarienbergs hat Vinzenz Pallotti selbst angefertigt. Das Zimmer ist seit seinem Tod unverändert und als Museum zu besichtigen.

Seite 153 Büste von Elisabetta Sanna (1788–1857), die aus Sardinien stammte und Mutter von sieben Kindern war. Sie kam auf verschlungenen Wegen nach Rom und war eine der Ersten in Vinzenz Pallottis Gemeinschaft. Sie ist wie Vinzenz Pallotti in San Salvatore in Onda begraben.

Seite 157 Von Vinzenz Pallotti in Auftrag gegebenes Pfingstbild mit der Bildunterschrift »Und sie waren alle mit dem Heiligen Geist erfüllt«. Das Originalbild hängt heute in der Kirche Regina degli Apostoli, eine Kopie davon in San Salvatore in Onda. Es zeigt Maria, die »Königin der Apostel«, die im Kreis der Jünger und Jüngerinnen den Heiligen Geist empfängt, und drückt aus, dass alle Christen, Priester wie Laien, befähigt und gesendet sind, Zeugen Jesu Christi zu sein. Maria ist die Schutzpatronin der *Gesellschaft des Katholischen Apostolates* (SAC).

Seite 171 Nach der Heiligsprechung im Jahr 1963 erhielt Vinzenz Pallotti den gläsernen Sarkophag am Fuß des Hauptaltars in San Salvatore in Onda. Zuvor war er in einer Gruft im Seitenschiff der Kirche begraben, wo sich heute noch eine Gedenktafel und eine Büste des Heiligen befinden.

QUELLEN- UND LITERATURVERZEICHNIS

Bauer, Franz J.: Das »lange« 19. Jahrhundert. Profil einer Epoche, Reclam, Stuttgart 2004.

Danko, P. Josef SAC: Mitverantwortung aller. Jüngerschule mit Vinzenz Pallotti. Ein Begleitbuch mit Apostolat, Pallotti-Verlag, Friedberg bei Augsburg 1999.

Fabi Montani, Francesco SAC: Beerdigung und Nachruf von Don Vincenzo Pallotti.

Faller, P. Ansgar SAC (Hg.): Die Epiphaniefeier, Kyrios-Verlag, Meitingen bei Augsburg 1950.

Ders. (Übers.): Dass alles Sichtbare nur diene. Eine Betrachtung des heiligen Vinzenz Pallotti über die geschaffenen Dinge aus seinem Buch »Gott die unendliche Liebe«, Verlag Ars sacra, München 1974.

Ders.: Vinzenz Pallotti. Gott die unendliche Liebe, Pallotti-Verlag, Friedberg bei Augsburg 1981.

Frank, P. Josef SAC: Vinzenz Pallotti. Gründer des Werkes vom Katholischen Apostolat, 2 Bde., Pallotti-Verlag, Friedberg bei Augsburg 1952 und 1962.

Hamm, P. Heinrich SAC: Vinzenz Pallotti, Verlag Bargezzi, Bern 1985.

Hein, P. Alois SAC: Ein Priester ruft den Laien. Das Leben Vinzenz Pallottis, Pallottiner-Verlag, Limburg a.d. Lahn 1962.

Holzbach, P. Alexander SAC: Vinzenz Pallotti. Ein Lebensbild, Pallotti-Verlag, Friedberg bei Augsburg 1999.

Kupka, P. Jan SAC: Aus welcher Inspiration lebte und predigte Vinzenz Pallotti? In: Unio-Informationen, Nr. 22, Juni 2010.

Lucas, P. Joseph SAC: Vinzenz Pallotti. Gründer der Gesellschaft des »Katholischen Apostolates«, Pallottiner-Verlag, Limburg a.d. Lahn 1931.

Ders.: Vinzenz Pallotti, ein Bahnbrecher der Katholischen Aktion, Pallottiner-Verlag, Limburg a.d. Lahn 1934.

Pallotti, Vinzenz: Hunger und Durst nach Gott. Gedanken für jeden Tag aus den Schriften des Heiligen, ausgewählt und eingeleitet von P. Josef Danko SAC, Pallotti-Verlag, Friedberg bei Augsburg 1988.

Popp, Georg: Die Großen der Kirche. Männer und Frauen der Kirche, die jeder kennen sollte, Arena-Verlag, Würzburg 1956.

Provinzialat der Pallottiner (Hg.): Vinzenz Pallotti. Traum von einer lebendigen Kirche, Pallotti-Verlag, Friedberg bei Augsburg 1989.

Rast, P. Pius SAC/Ziegler, P. August SAC: Vinzenz Pallotti, Pallottiner-Verlag, Gossau SG 1985.

Seibt, Gustav: Rom oder Tod. Der Kampf um die italienische Hauptstadt, Siedler Verlag, Berlin 2001.

Stelzer, Karl: Vinzenz Pallotti. Ein Heiliger für heute, Pallotti-Verlag, Friedberg bei Augsburg 1975.

Todisco, P. Francesco SAC: Vortrag anlässlich des XX. Generalkapitels der Pallottinergemeinschaft in Aricca bei Rom im Herbst 2010.

Wallhof, P. Hans SAC: Mosaik eines Heiligen, ferment 1/81, Pallottiner-Verlag, Gossau SG 1981.

Ders.: Unter einem guten Stern, Ferment 1/85, Pallottiner-Verlag, Gossau SG 1985.

Ders.: Saint Vincent Pallotti. Mosaique d'un Saint, édité par la Société de l'Apostolat Catholique 1993.

Weber, Eugen: Vinzenz Pallotti. Ein Apostel und Mystiker, Pallottiner-Verlag, Limburg a.d. Lahn 1927.

Willi, P. Adrian SAC: Predigtmanuskript zum Pfingstfest 2010 zum Thema »Regina Apostolorum«.

Ziegler, P. August SAC: Vinzenz Pallotti. Bahnbrecher des Laienapostolates, Pallottiner Verlag, Gossau SG 1947.

Ziegler, P. August SAC: Vinzenz Pallotti, Pallottiner-Verlag, Gossau SG 1950.

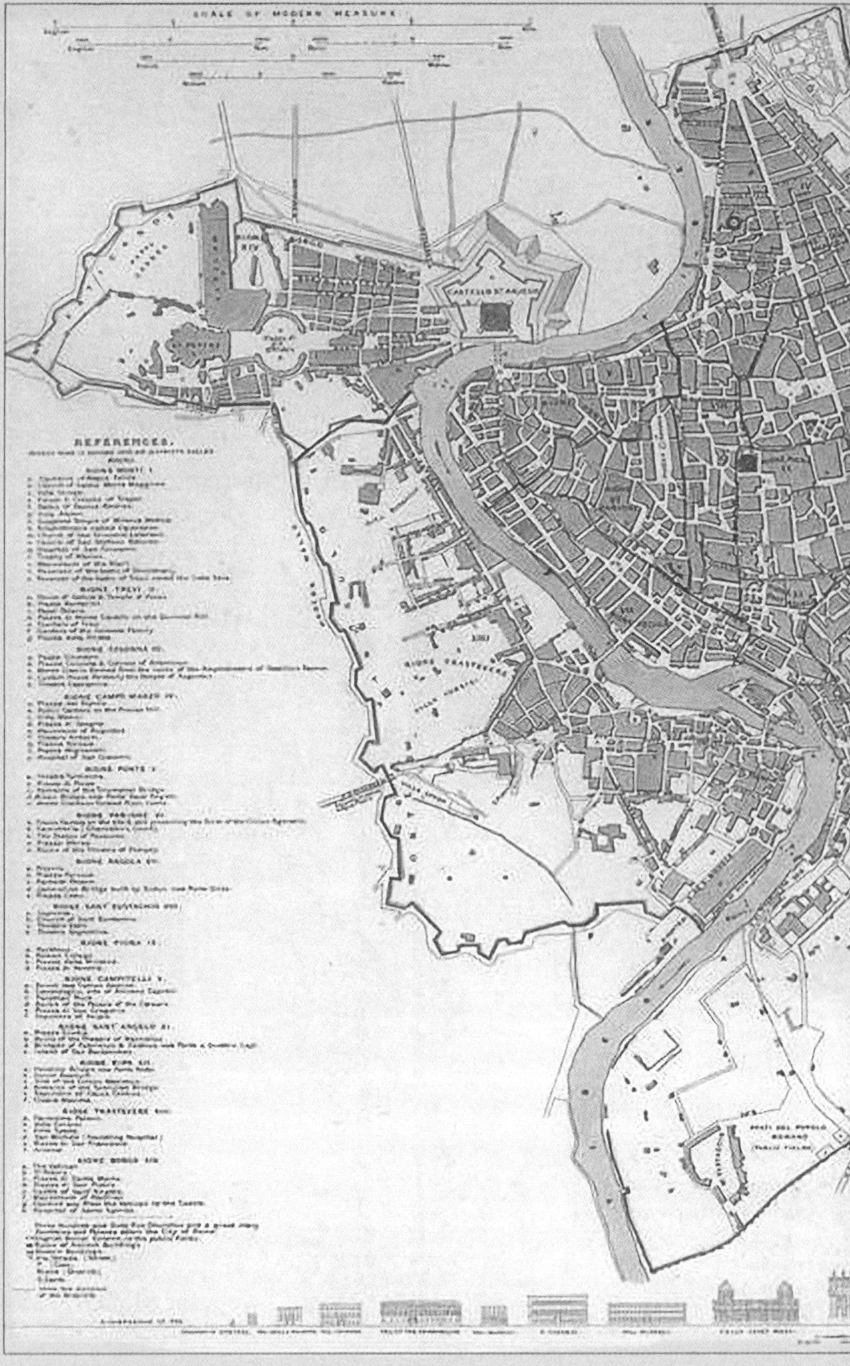
SCALE OF MODERN MEASURE
REFERENCES.
CASTELLO S.T ANGELO
RIONE TRASTEVERE